当代翻译理论与教学实践研究

徐 聪◎著

北京工业大学出版社

图书在版编目（CIP）数据

当代翻译理论与教学实践研究 / 徐聪著 . — 北京：
北京工业大学出版社，2021.9（2022.10 重印）

　　ISBN 978-7-5639-8142-7

　　Ⅰ . ①当… Ⅱ . ①徐… Ⅲ . ①英语－翻译－教学研究
Ⅳ . ① H315.9

中国版本图书馆 CIP 数据核字（2021）第 201462 号

当代翻译理论与教学实践研究

DANGDAI FANYI LILUN YU JIAOXUE SHIJIAN YANJIU

著　　者：徐　聪
责任编辑：张　贤
封面设计：知更壹点
出版发行：北京工业大学出版社
　　　　　（北京市朝阳区平乐园 100 号　邮编：100124）
　　　　　010-67391722（传真）　bgdcbs@sina.com
经销单位：全国各地新华书店
承印单位：三河市元兴印务有限公司
开　　本：710 毫米 ×1000 毫米　1/16
印　　张：11
字　　数：220 千字
版　　次：2021 年 9 月第 1 版
印　　次：2022 年 10 月第 2 次印刷
标准书号：ISBN 978-7-5639-8142-7
定　　价：60.00 元

作者简介

　　徐聪，男，毕业于四川外国语大学翻译学院，获得 MTI（口译）硕士学位。目前任教于黄河科技学院，主要负责教授英语专业高年级口笔译课程，如英语口译基础、交替传译、英汉视译、翻译理论等。具有多年口笔译实战经验，研究方向主要为翻译理论和口译培训。

前　言

　　翻译教学的主要目的是培养学生的实践能力，提升学生翻译的综合水平。在具体的教学工作开展中，教师主要侧重对学生翻译技能以及手段的讲解。当下，由于受到一些因素的影响，翻译教学活动仍然没有一套相对系统的翻译理论可遵循，基于此，学者应该强化对翻译理论的研究以及分析，对翻译理论的作用以及价值进行明确。本书重点围绕翻译理论与教学实践展开探讨。

　　全书共六章。第一章为绪论，主要阐述了翻译的内涵、翻译的价值与过程、翻译的要求与意义、翻译的基本问题等内容；第二章为中西方翻译发展历程，主要阐述了中国翻译发展历程、西方翻译发展历程、中西方翻译标准等内容；第三章为翻译的相关理论，主要阐述了语义学理论、符号学理论、语用学翻译理论、心理语言学理论、对比语言学理论等内容；第四章为英语教学中的翻译教学，主要阐述了翻译教学的起源与发展、翻译教学的问题与思考、翻译教学的内容与原则、翻译教学的创新模式等内容；第五章为英语翻译教学的技巧，主要阐述了词汇层面的翻译技巧、句子层面的翻译技巧、语篇层面的翻译技巧、文体层面的翻译技巧等内容；第六章为当代翻译理论教学中的有关问题，主要阐述了翻译理论教学的影响因素、翻译理论在翻译教学中的作用、翻译理论在翻译教学中的实践应用、翻译理论教学中跨文化意识的培养等内容。

　　为了确保研究内容的丰富性和多样性，笔者在写作过程中参考了大量理论与研究文献，在此向涉及的专家、学者表示衷心的感谢。

　　最后，由于笔者水平有限，书中难免存在一些不足，在此，恳请同行专家和读者朋友指正！

前　言

目 录

第一章 绪论

翻译是语言的表现活动，是一种语言转化为其他语言的表现手段。深入研究之后就会发现，翻译又是两种语言交际的一项转换活动，其中包含了很多的因素。因此译者需要通过多方面的知识和长时间的实践来提高翻译的技能。通过翻译基本知识的学习，可以让译者更深刻地了解什么是翻译，如何更好地开展翻译工作。本章分别从翻译的内涵、翻译的价值与过程、翻译的要求与实质、翻译基本问题四部分进行阐述。

第一节 翻译的内涵

要解释翻译专业的建设和翻译学科的发展，首先必须了解翻译的内涵、翻译的定义以及其构建框架和体系，然后从教育体系和教学体系建设的角度探讨翻译专业的意义。

翻译的内涵可以说因人而异，没有一个明确的结论。人们从符号学、功能语言学、文化学等不同的角度和功能、意义等层面对语义进行了不同的诠释。正如学者刘宓庆所说，"'翻译'这个词的定义一直不清楚"。

结合汉英翻译基本意义的定义，我们可以发现，所谓的翻译既是一个动态交际过程，也是一个静态的产物。第一，翻译是一种动态交际活动。源语和目的语在较窄的层次上发生信息（意义和功能）的转换，这一过程中（图1-1），源语是以听或读的形式呈现的。然后翻译人员对源语进行解码，将源语转换为目标语，通过编码并以书面或口语的形式进行输出，从而完成整个翻译过程。显然，翻译涉及编码和解码、源语与目的语、作者或说话者、口语和书面语译者、听众或读者等因素。但是，作为翻译的实施者，口语和书面语译者在信息转换过程中受到两方面的影响：翻译的需要和目的；源语和译语文化。

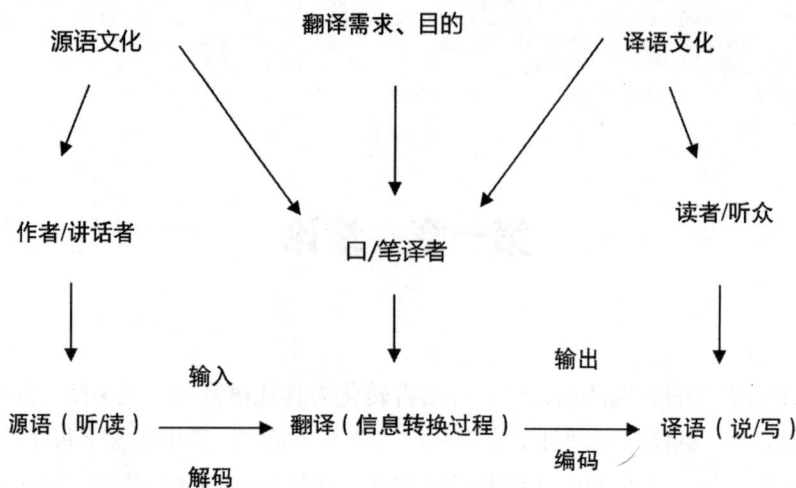

图 1-1 翻译过程关系图

第二，翻译也是一个静态的产物。翻译不仅是信息转换的过程，而且在这个过程中产生了一些"翻译产品"。口译按照其性质可以分为交传和同传等。笔译可包括机器翻译、编译、改译、摘译和译述等；根据其内容的不同，口译可以分为会议口译、电视口译、导游口译、法庭口译等。

下面本书从文化学、信息学、艺术学、符号学的角度来对翻译的内涵进行阐释。

一、文化学角度的内涵

在译者的传统观点中，语言分析和文本比较一直是翻译研究的基本任务。然而，翻译包含了两种语言所承载的文化，从翻译文化学的角度看，其内涵是以符号学的概念为基础，将文化传播理论的研究延伸到翻译领域中。

国外从文化学角度展开翻译研究的最有影响的要数兰伯特和罗宾斯两人，他们认为翻译等同于文化。国内资深翻译理论家张今先生也从文化交际的角度对翻译进行概述。根据张今先生的观点，翻译是两个语言社会间的交际过程或交际工具，翻译的目的也旨在促进本语言社会在政治、经济和文化等层面的发展和进步，翻译的任务也是将原作中包含的现实世界的逻辑映像或艺术映像，完整地从一种语言移注到另一种语言中去。

学者如果想要从文化学角度对翻译的内涵展开深入研究，需要从翻译作品和翻译过程的研究转移到整个翻译行为，并将翻译活动作为文化之间的沟通或交换的活动，增强翻译的社会功能性。

二、符号学角度的内涵

符号学的研究是在 1870—1920 年引入翻译领域的，符号学研究学者一直认为影响信息传递的主要原因是文化背景和语境，同时将翻译定义为涉及人们交往的交流活动。

在我国，学者许钧从翻译符号学的角度得出："翻译是以符号转换为手段，意义再生为目的的一项跨文化的交际活动。"而学者杨玉贤，也在某种程度上借鉴了翻译符号学的观点，将翻译分为两类：一类是广义上的，也可称为"基本信息"的转换，它不仅包括本语和非本语、方言与普通语言、古语和现代语、语言与非语言之间的转换，而且还包括两者之间的翻译；另一类是狭义上的翻译，主要是一种语言转化成另一种语言，例如，汉译英、法译汉和汉译德等。

从符号学角度对翻译内涵的阐释不再仅仅局限于语义的转换，而是将其对象扩大到语言符号，并覆盖了人类的整个交际系统。这种对翻译内涵的阐释是对语言学研究的拓展或延伸，继承了语言学定义中转换和对等的思想，但在很大程度上受语言学定义的束缚。

三、信息学角度的内涵

翻译作为传递信息的重要手段，已被众多的学者从信息学的角度加以阐释。在学者王德春看来，翻译是改变语言承载着的信息，用另一种语言表达母语所承载的文化信息。根据学者李树辉的观点，翻译是一种解译和记录信息的活动，同时，从符号学、文学研究等其他角度来解读翻译的内涵，都不能充分揭示翻译的本质属性，有时甚至会产生偏见。尽管李树辉的翻译观点具有主观性，但其观点的存在也反映出翻译内涵的多样性。

四、艺术学角度的内涵

西方文艺界最典型的代表流派是巴斯纳特、兰伯特、拉斐维尔和赫曼斯等。他们认为："翻译是对原文的一种重新加工"。我国作家茅盾认为："文学的翻译是用另一种语言，把原作的艺术意境传达出来，使读者在读译文的时候能够像读原作时一样得到启发、感动和美的感受。"学者王以铸对翻译的定义是："好的翻译绝不是按字面的硬搬照抄的，而是要传达原文的魅力。"

译者将这些对翻译内涵的解读视为艺术标准，这些艺术标准在文体、修辞学、美学、译作研究以及翻译效果评价等方面都产生了极大的影响。

第二节　翻译的价值与过程

翻译是文化之间通过语言转换来进行交流的桥梁。人类文化在不同文化不停地碰撞和融合中不断地发展和提升。人文文化的翻译是两种不同语言之间的转换所产生的形式，事实上是不同的文化思想之间的对话和解释。

一、翻译的价值

翻译价值是对翻译理论的历史讨论和反思，换言之，就是对翻译实践或活动价值的认可和定位。翻译的价值主要体现在语言价值、文化价值、社会价值、美学价值、理论价值这五个方面。

（一）语言价值

翻译的语言价值是指翻译活动或实践对语言本身的影响或作用。主要体现在以下几方面。

首先，在形式上，翻译作为一种语言转换活动，本身就是一种符号的转换活动。这里所说的语言并不是一种狭义的语言，因为它的翻译活动包括语内翻译、语际翻译和符号间翻译三类翻译活动，这三类翻译活动都需要经过符号翻译的转换过程。

其次，翻译的语言价值的另一个重要表现是语言本身在历史进程中的转变。例如，马丁·路德翻译的《圣经》不仅极大地推动了德国的宗教改革，而且对德语的发展和统一也具有开创性。

此外，翻译的语言价值因其在目标语言中起到非常积极的作用，而得到认可。因此，翻译中过多的"异化"也会对目标语言产生负面影响。例如，五四运动前后，许多译者过分强调"欧化语言"现象。这就要求译者在使用翻译策略和方法时要注意"同化法"与"异化法"的比例。

（二）文化价值

在人们不断加深和提高对翻译的认识和理解的同时，翻译也不断地促进文化的累积和创新。翻译和民族的相互交流与文化上的互动并存。

因此，翻译的文化价值也受到了学者的高度重视。翻译的文化价值是指人们从文化角度对翻译的认识和理解。翻译源于人类的互相交流的需要，翻译的目的和任务是交流思想、交流文化，而一个国家或者个人的文化价值观也会影响其对其他文化的态度。

（三）社会价值

翻译的社会价值主要表现在社会文化水平、社会变迁和社会文化发展等方面，都与翻译活动有关。翻译可以给特定的文化甚至社会机制带来变化，它可以促进文明的发展。例如，古罗马对希腊文学的翻译推动了拉丁文学的诞生；五四运动期间西方文学的传播和大规模的翻译活动，推动了现代文体文的产生和进步。另外，从社会文化的角度研究翻译现象可以为不同时期的翻译文学提供更为合理的解释。

（四）美学价值

不管是文学翻译还是应用文体的翻译，都需要一个审美的过程，只不过它们在审美过程中不管是体验、意境还是表达方式都是有所不同的。因此无论旅游、新闻、广告还是科技翻译都是需要达到美学上的要求的。

翻译中的审美经验一般遵循以下规律：审美对象的审美再现过程—审美认知的转化过程—审美结果的处理过程—审美结果的再现过程。对于翻译，它的全过程都是一场审美的过程，因此提高翻译的审美效果和价值需要译者不断地提升自己的审美认知。

马建忠的"善译"、林语堂的"忠实、通顺、美"和许渊冲的"三美"，都是把"美"作为翻译标准。许多优秀的译者也是把追求"美"当作生命的价值。傅雷在《翻译经验点滴》中提道："《老实人》的翻译经过八次修改后，不确定原作的精神传达了多少。"这也成了翻译传达"美"和传达"美的价值"的所在原因。

译者试图了解作者和作品之间无意识的交流，然后从作品本身分离出来，从感性形象走向抽象思维，从而达成对美的共识，实现再创造的艺术，这是一个逐渐形成的过程。在认知过程中，译者通过对作品的整合来感受审美意象，这是一种不同于原作的更高层次的感受，新的感受会进一步作用于译者翻译意图，直到整个意图形成。

文学翻译的艺术表现是超越的，因此译者不是操作一个物理结构，而是操作一个超越时空的客体。所以，作者有必要通过直觉和意象的结合来总结形式结构的意义，达到译者与作者之间的默契。译者以作品中的感性信息为基础，构建出与作者相似的审美意象，并与作者的思想产生共鸣，从而"看到"原作的艺术境界，即心灵的共鸣。有了这种共鸣，译者就会跟随作者的想象，根据作者的思想，进入原作的审美情趣。

（五）理论价值

翻译本身其实并不是理论，因此提到它的理论价值时，一般指的是翻译研究和翻译理论的价值。也就是说，"翻译"作为翻译理论研究的直接对象，是翻译理论产生和发展的物质基础，具有重要的理论价值。

作为健全发展的独立学科，翻译理论在很多方面都依赖于翻译的物质基础。如果脱离物质基础，翻译理论就无法全面发展。相反，翻译的描述和总结形成了翻译理论。从这个意义上说，翻译实践是前提，它可以为译者提供指导，从而使其更好地开展翻译活动。翻译理论的发展已经成为活跃自然资源的源泉，它的根本价值在于"翻译"。

二、翻译的过程

当前翻译理论逐渐与生态学结合起来，使转喻机制带上了特殊色彩。翻译过程成了译者为适应翻译生态而采取的选择活动。因此在源语、译语、原文构建的整体环境下，译者应坚持多维度选择原则，在语言、文化与交际等维度下构建转喻新模式。

（一）语言转换

从转喻类型看，语言转换形式可分为两种：整体转指部分和部分转指整体。其中，"整体"代表的是完整概念，如人与事物等；而"部分"则是局部概念，如人或事物的构成要素等。

整体转指部分的主要类型有两种：一种是矩阵域代次域，即静态语言与动态语言的转喻，从翻译关系上看，属于静态转喻关系；另一种是上位范畴代下位。

（二）转喻模式

1.语言维度

转喻模式主要是指译者在翻译过程中根据语言形式的适应性进行的转换。译者可以多种层次和方面为基础构建该模式，在源语与译语间形成动态平衡，在二者无法平衡时，译者可在译语系统中创建新型环境。例如，在影片的英语翻译中，译者不但要保留源语句子结构与语言风格，还要保证台词的幽默性。

2. 文化维度

译者在翻译时要重视双语文化的传承与解释。一般情况下，源语与译语之间存在一定的文化差异，需要译者加以重视。

3. 交际维度

译者在翻译中要重视双语交际意图的适应性，不但要考虑到语言信息、文化内涵等因素，还要根据翻译转喻构建与源语相同的转换。

（三）翻译心理

翻译的心理过程就是译者内在话语与外在话语的转换过程。人类的语言活动一般经历"五官—脑—五官"这一过程。这个过程的不同阶段有两种话语形式：外在话语和内在话语。在人与人之间的交流中产生的一种可理解的语言活动叫作外在话语。它有一个较完整的语言系统或听写对象，即口头语言和书面语言。内在话语作为一种不需要发音，不需要建立完整语言系统的语言形式，是思维的普遍形式，是语言交际中可理解形式的基础。外在话语与内在话语都是建立在说话者的发音动觉之上的，属于第二信号系统，但在交际过程中，它们是要相互转换的。外在话语对内在话语、内在话语对外在话语的理解，仍然是"一种话语形式转化为另一种话语形式"。

首先，内在话语非常简练。如果其中一个词被翻译成外在话语，则可以延伸为一句话或一段话。如果没有这个转换，内在话语是不能被理解的；如果不使用外在话语，就不能实现这一转变。在听说和阅读过程中，想要完整、准确地理解内在话语，需要运用大量的语言材料构造出一个完整的、形式多样的外在话语。然而，如果译者不能理解外在话语，这种转换也是无法实现的。

其次，内在话语具有简明扼要的概括性可以比外在话语更快地被浓缩或扩充，在很短的时间内可形成整体的联想、比较、分析。比方说，人们争论的"腹稿"也许不是一篇文章，但它能清楚地分析和反驳对方的论点。这种腹稿的物质外壳，就是内在话语。这一译文的形成与运用是"外在话语—内在话语—外在话语"的转换。每一步的实现必须基于译者对两种语言的相互理解和表达。因此，从外在话语到内在话语，译者必须对外在话语有足够的了解，并且能够用相应内在话语的形式表达这种理解。

（四）文本翻译

1. 阅读书籍

在翻译工作开始前，译者阅读的书籍和查阅的资料有以下几类。

（1）语法知识类

通过阅读一些外文文献，进一步深入了解外语句子结构的专业语法知识，以及句子类型等语法内容，为界定外语长句、句子结构提供理论基础。

（2）译语知识类

通过阅读外文书目，对翻译和身份认定的相关研究有进一步的认识，有助于译者理解翻译文本的主要内容和专业术语，为翻译工作的顺利开展奠定基础，同时能够增加译文的准确度和专业度。

（3）翻译策略及技巧类

通过阅读《新编汉英对比与翻译》《英汉翻译基础教程》《现代英语句法结构》等著作，掌握了字、词、句的翻译策略，有助于提升译者的翻译功底和素养，有利于译者了解文本的语言特点及翻译方法，增强译文可读性。除此之外，译者可以准备一些参考书和工具书，如《牛津高阶英汉双解字典》《英汉大辞典》等。

2. 文本理解

广义的理解是指人们运用已有的知识与经验之间的共同联系，充分认识和把握事物的本质与规律。换言之，理解是人们根据现有的认知能力来解释的，因此，理解的关键是新旧之间的联系。如果这种联系是准确的，这种理解就是有效的；如果这种联系不准确，就会导致无效的解释。

（1）对语言现象的理解

①句法结构。两种语言形成的社会以及文化环境是不同的，所以，两种语言在许多方面都存在一定的差异，这种差异直接导致语言形成的不同。很明显的情况就是，对于同一个意思的表达，两种语言往往使用不同的结构，导致译者在理解另一种语言时需要转换语言结构。对于译者而言，只有理解源语的语言结构并且将其自然地转换成译语结构，才是翻译成功的前提。

②修辞手段。它是两种语言都会使用的美化语言的一种手段，不过，这两种语言的修辞手段是不一样的。但是，它们也有一个共同点：根据语境来确定修辞

手段。当然，修辞手段的使用也不会离开句子本身的语法与词汇特点。

（2）对逻辑关系的理解

翻译活动究其本质就是两种语言之间的转换，不过，这种转换不仅存在语言形式的层面，而且还存在逻辑关系的层面。这种逻辑关系的差异其实也是根植在两种语言所处的文化环境中的，因为文化毕竟是语言形成和发展的土壤。例如，汉语与英语的逻辑关系是不同的，对于汉语来说，它强调的是句子中的多种成分需要靠语言的内在联系串在一起。汉语展现给读者的语言形式则需要读者自己进行体会。人们对汉语句子的理解要从整体上进行把握，但对于英语这一门语言来说，它句子中的各个成分是不能靠内部联系串在一起的，注重的是形合，是需要译者运用一些连接词才能将意思表达清楚的。

所以，在翻译活动开始之初，译者有必要对原文进行通篇阅读，掌握原文的逻辑关系。译者只有把原文的逻辑关系弄明白了，才能按照目的语的表达习惯以及语法规范进行语言各个成分的重组，从而实现更完善的翻译。

3.语言表达

（1）处理好内容与形式的关系

在翻译领域中，内容与形式的关系一直是译者关注的焦点，这不仅存在于西方世界，在东方世界也一样。中国的许多翻译家也都对该问题进行了深入探究，并且产生了许多可喜的成果。

形式与内容的关系非常密切，形式可以通过自身的语言特点以及结构表现一定的内容，而内容的传达也需要一定的形式。虽然有许多翻译标准，但是忠于原文这一标准是大家普遍认同的。译者很多情况下只注重原文内容，从而忽视原文形式，在这里并不是说原文形式是有多么重要，我们强调的是译者在忠于原文内容的前提下体现原文的形式。如果两种语言形式的确存在很大的差异，译者就没必要在形式上与原文保持一致，这样反而会适得其反。

通过对内容与形式关系的分析，我们可以看出译者在实际的翻译活动中，不仅要考虑原文内容，还应该考虑原文的形式，这些都需要译者尽量在译文中表现出来。原文的形式有很多，只要涉及语言层面的体裁以及修辞方法等，都是形式的范畴。译者在翻译过程中，要尝试将原文形式也表现出来，尽量做到与原文的统一，当然这种统一还是内容的统一。

（2）处理好直译和意译的关系

直译与意译虽然强调的重点不一样，但并不影响翻译的结果。直译与意译的选择是根据原文的情况而定的，二者都有自身的优势与缺点，对于哪种方法更加适合翻译活动的问题，译者需要根据具体情况做出判断。

①直译。直译就是在符合目的语言习惯以及语言规范的前提下，译者对原文的形式以及内容直接翻译的一种翻译方法。一般来说，原文的语言形式不仅包括语序和词序，还包括修辞方法。直译虽然最大限度地保持原文的形式，但是这并不表明直译就是一种我们片面理解的死译。

②意译。意译不是译者对原文进行逐字逐句的翻译，而是译者在理解原文意思的基础上对原文进行"神似"的翻译。译者可以不用去想原文的结构以及形式，根据自己的想法进行翻译，但是这种表达一定要建立在符合原意的基础之上，也就是说，译者进行翻译的时候，不能随便添加或者任意删减。

4.译后审校

翻译的最后一个步骤就是校对。校对是非常重要的，因为无论是哪位译者都会不可避免地粗心大意，所以，需要校对提高翻译的质量。

详细来说，首先校对需要译者通读全文、润色文字，这样才能充分表达全文的意思；其次，校对还需要译者检查逻辑的清晰度、标点符号的使用情况、术语的标准度，上下文的一致性等问题。

准确来说，校对的最佳次数一般为三次，第一次，注意细节，重点放在较小的单位，如单词和句子。第二次，润色文字，主要集中在句子和段落等翻译单元上。第三次，整体把握，检查文字是否流畅，文体是否统一。

最重要的是，在任何阶段译者都需要考虑到当前和未来几代读者的阅读需求。只有不断地为读者考虑，并认识到读者不是译者的负担而是其帮助者，才能和读者成为合作搭档。这样的翻译才能经得起考验。

（五）翻译过程中的多义及消歧问题

当源语查询词通过查询翻译、机器翻译、双语词典翻译以及语料库翻译成目标语言时，译者需要对这些译文进行消歧处理。在跨语言信息检索（CLIR）领域，消歧方法和技术是难点。长期以来，许多学者对此进行了广泛研究和探讨，提出了一些有效的方法以及比较复杂的算法。例如，使用搜索引擎，基于本体的词义知识库、词性标注、双语平行语料库、目标语料库中共现信息、相关反馈以及查询扩展等方法，使查询翻译的准确率和召回率明显提高。

1. 共现技术

共现技术是指两个有关联的词共同出现在某一篇文档中，通过人工或机器翻译确定其含义。共现技术根据每对索引词翻译项之间的共现次数对翻译项加权统计，进而选取最有可能的一个或几个翻译项。共现技术能在某种程度上提高查询准确率并减少非相关文档的出现频率，但是共现技术本身存在缺陷，使其消歧并不明显。

2. 相关反馈技术

关联反馈技术是从传统的单一语言信息检索演变来的，这种单一语言无法在跨语言信息检索中获得预期的结果（目的文档）时，会再对检索出的结果进行相关判断，使用检索出的相关文档构造新的查询，根据结果信息不断改进查询项，直到获得正确的翻译项为止。相关反馈查询技术比较成熟，很早就被利用到跨语言信息检索之中，主要靠调整查询的权重来改进基本查询翻译性能。

3. 双向翻译技术

双向翻译技术是译者使用双向词典得到目标语言结果集合，然后从目标语言到源语言翻译形成新的源语言查询集合，最后将新的查询集合和源语言查询结果集合比较，如果在新集合中出现原始集合的词汇，就得到消歧结果。综上所述这些消歧方法和技术，基本都建立在语料库和双语词典的基础上。这种方法不需要构建专门的机读词典，而是通过整合一些语言资源，将相关的描述知识逐渐添加到翻译词典中。此方法虽然资源消耗较小，但具有局限性，无法翻译词典中没有的新词和专有名词。

4. 基于本体信息检索技术

本体可以理解为某个领域知识与相关概念的信息库。多语种本体是概念在不同语种本体库的再现，是解决翻译过程中出现歧义的又一方法。它不同于词典和语料库采用句子或词对齐的方式，而是将查询关键字与多语种本体库进行对照，并根据本体库中包含的概念、文档的内在含义去识别目标词语的表达，保留意义相近或相关的词语反馈给用户。

叙词表就是本体具体应用模式中的一种，用来刻画不同语言对相同领域知识概念的理解，确保用户的检索意图。但多语本体的构建难度较大，国内、外一些研究机构应用词汇网络构建本体库，其检索结果的查准率大约为语言检索系统的40% ～ 60%。

第三节 翻译的要求与意义

一、翻译的要求

翻译可以使人们了解不同的文化，让不同的民族文化相互交流、相互丰富，因此翻译对众多民族和国家文化的发展有着重要的作用。翻译也是一门矛盾较多、问题较多的学科。主要原因表现在：①翻译范畴的不确定性。②翻译体裁的多样性。③翻译内容的广泛性。④翻译主体对客体理解的差异性。⑤译者时空位置的变化性。⑥译文读者口味要求的不同性等。这些不稳定的变化因子也确定了翻译是一门综合了多种学科和文化的学科。

翻译不仅介绍了语言的文学形式，还给相关作品培养出了很多的读者。在西方国家，古典作品的翻译是文学最大的功臣，在文艺复兴时期的西方文学中占有重要的位置，以及在许多的民族文学形成的过程中发挥着重大的作用。涉及的方面很多，如哲学、文学、美学、社会学、人类学、系统论、信息论等都是翻译的重要基础。同时，翻译对东方国家的文化发展也有重大的发展，如印度、中国等。

学者的研究重心在于力图构建一个正确实用的翻译标准，形成辩证的、全新的思维方式。实际上，翻译不同的文本，应该用不同的翻译标准来衡量。有学者曾指出，"翻译工作非常的重要并且特别辛苦，原则上，严复的'信、达、雅'理论的确是一个必要的条件，但是翻译材料的性质也应该引起重视。如果你翻译一部文学作品，需要要求更加的严格，也就是说，你不仅要不走样，能够传递出准确意思，而且翻译还要有文学的价值……所谓的'雅'不是深刻的，也不是讲究修饰，而是具有很高的文学价值或者是艺术价值"。这段话坦诚、深刻，既提倡译者要看翻译对象的性质，又明确表明理解"信达雅"的方式。

德国翻译学家沃尔弗拉姆·威尔斯根据文本符号学的本质，将文本概括分为了文学作品和专业文章。他认为，由于原文和译文都是语言，译者应该考虑不同语言的出处、结构、功能和受众。针对不同类型的语言我们自然需要有不同的翻译方式，而对译文的评价自然需要不同的标准。上述观点表明，不同语篇的翻译要求不同，而不同要求就应该用不同的标准衡量。翻译最基本的要求与质量评估的要求是忠实和通顺。所说的"信、达、雅""信、达、切""信、达、快""形美、义美、风格美"和"音美、形美、意美"等都应根据语篇的性质、特点和翻译要求来确定。

在翻译质量评价中，从语类角度探讨翻译要求和标准是评价翻译质量的最佳尺度。例如，在法律语篇中，译者就必须首先理解法律语篇的共同特征和法律语篇的性质和特点。法律语言从广义上讲包括立法语言、司法用语、执法用语、普法用语、法律学术语、法律文献等，从狭义上说是具有特定法律意义或仅限于法律文体的法律用语。法律语言具有"准确、庄重、规范"的基本特征，准确是法律语言的命脉，在语言交际中要做到概念清楚、句法严密、语篇逻辑科学。严格意义上说，法律语言通常使用书面语、专业术语、文言词等，一般不适用比喻、转喻、夸张等修辞手法，不适用生动的文学描写，不适用方言或俗语。基于法律实践的特殊性，人们在共同语言的基础上形成了一些与法律相关的表达和规范，并成为法律实践中必须遵循的准则。

因此，法律语篇的翻译要求内容忠实完整，语言简洁明快，文风端正。法律语篇的翻译标准应该是"信、顺"。"忠实"就是指译者忠实原文的内容，同时保持原作的风格，使翻译语言容易理解、顺从、规范。

例如，It is hereby ordained and declared by the authority aforesaid, that the following articles shall be considered as articles of compact between the original States and the people and States in the said territory and forever remain unalterable, unless by common consent, to wit.

译文：兹依上述当局特此规定并宣布：下述条款将成为原各州与该地区人民及各州之间的契约条款，除非经共同同意，否则永远不可更改。

这里用 ordain 一词，凸显公告的权威性；另外用较为正式的词 aforesaid，使公告的严肃性得到很好体现。译者考虑到措辞和句式结构的得体性，用文言词汇"兹"并改变较长句子的翻译结构，使译文符合原文的语体特征，真正遵守"忠实、通顺"的翻译原则。

虽然立法、司法、执法和法律学术属于同一门类，但法律文学类语言与其他类语言的翻译要求不同，其根本原因在于文学与非文学的翻译标准不同。文学作品的翻译既要考虑语篇类型的共同特征，也要考虑各种语篇自身的性质和特点，因此应针对不同文本类型采用不同翻译方法。语类翻译既注重具有共同特征的语篇种类，也注重各种具体语篇自身的性质和特点。语类理论表明，每个大语类又包含子语类。如文学语类可分为诗歌、小说、散文和戏剧等，而小说又可分为科幻小说、侦探小说和浪漫抒情小说等子语类。在翻译过程中，译者必须考虑大语类、子语类、子子语类的特征、性质和特点，因为它们具有不同的翻译要求，自然也就具有不同的翻译标准。一部小说中可能有故事、记叙、描写、言论、评述、独白、对话和诗句等，译者在翻译时应按子类的翻译要求来完成。

在翻译文学作品时，译者也应该注意文学是大语类，其子类有诗歌、散文、戏剧和小说等，子类又分为子子类。它们之间的翻译要求、标准也不相同。因此，语类是体现翻译要求和翻译标准的最佳尺度。

二、翻译的意义

此处所说的"意义"是多方面的，并非单一的。在这里，我们可以将意义划分为六层含义，即概念、语境、形式、风格、形象、文化意义，除此之外意义还有其具体的内涵。因此翻译是综合性的、具体化的，包括以下几种类型：

（一）概念意义

概念意义是语言的核心与主体。概念意义包含了单词、短语、句子以及超句群四个语义内容。在概念意义的学习和应用中，语义内容首先说明文章是表达什么的；其次说明文章是怎么样来表达的。这两个问题是语义表达中的主要问题，第一个问题主要涉及词与句的概念指称，词义、句义以及从段落到文本的所有意义的辨析，第二个问题主要与下文的形式意义和风格意义有关联。

就翻译理论来说，在双语对照中探寻出语义的对应概念是概念意义研究的核心问题，其中包括两种语言的对比和两种语言的翻译行为模式。毫无疑问，概念意义的研究是翻译理论的主要问题之一。归根结底，概念意义的转换是整个意义转换的基础、轴心和主体。

（二）语境意义

任何词语、语句和语段都必须处在特定的词语关系（即上下文）中，又受到特定的社会交际情境（即广义语境）的调节，因此语境是意义的基本参照系。孤立词语的意义必然是游移不定的，比如，"face"一词，可以当"面容"讲，也可以指"表面"（如支票、货币的"表面值"）。究竟当什么讲，只有放在上下文中才能使语义稳定。

语境对意义的调控机制主要有以下五个方面：①词语在制定的特殊环境中发生的变化；②词语对有关行为或事物的态度和看法；③词语在语句中的语法意义；④句子以及超句群在特殊的形式中的意义；⑤语篇的中心思想意义。所以，译者对上下文及更广泛的语言环境所确定的语境意义的研究是不可忽视的。

对此，语境还包括社会功能方面的意义，它的含盖面非常的大，包括了语际行为的大部分。因此在许多因素的影响下，语言结构在各个层次产生了意义。这些因素包含有：①语言交往产生的语用行为机制。根据语用学的语言行为理论，语言行为可以根据交往产生的目的分为：陈述（肯定或否定）、请求、询问、命令和表达。这种语言行为对其意义具有明显的定向作用，是上下文调整机制的具体体现。②语言是交往过程中交往对象给予接受者的基本因素。交际对象的接收能力以及倾诉能力和接收效果对其意义所产生的定向作用，将意义的表达形式（包括语域、句型和话语组织方式）调整到最佳选择。③交际的演讲场合。传播的时空因素也涉及形式和文化意义。

（三）形式意义

形式意义是语言符号最重要的一部分。无论是什么样的意义都必定需要比原作者认为更好的形式来表达，让符号所传达的内容变成有感知的实体，所以，语言信息的形式意义不能随便地、毫无目的地选择。它必须拥有一定的修辞手法，翻译理论多关注的是原文的形式意义，其功能就有修辞的功能。没有修辞手法，就不能说已经尽可能忠实地传达了原始语言的全部含义。

如上文所述，形态语言内部形式的变化虽然通常并不引起概念意义的增减，但也不能一概而论。英语中用主动式或用被动式常常会有一个信息重点的转移问题，应该反映在译语中。又如，英语中有一种"there + be + no+ verb-ing"的句型，表示"不能""不可"等情态。这时的情态意义就有待于转换，如"Once let him start, there was no stopping him." 意思是"他一旦开始做，就没人能够制止住他"。

（四）风格意义

风格意义属于高层次的意义结构，所以文体意义研究属于翻译理论的高层次研究，主要集中在翻译的文体理论。研究风格含义的目的是探索所谓的风格对应。长期以来，我们对翻译风格的许多问题没有给予应有的重视。主要问题是我们对风格的社会功能认识不够，对"风格"这个词的理解过于狭隘。有鉴于此，翻译理论应运用符号学的论证方法来探讨文体意义的转移。除了文体手段的研究，我们还应该讨论风格、风格和时尚（翻译风格的历时性和共时性）、个人风格以及翻译品位等重要的翻译风格理论的社会功能。

（五）形象意义

形象化是语言在思维上表达外部世界的一种特殊方式，它不依赖抽象的理念，而借助具体的表观特征。它的作用是为人类思维描述一个有形的、多彩多姿的、生动化的映像，而不是唤起人们的理智性思维。形象化表达的是意义表现的手段，译者需要掌握这种手段在语际转换中将源语所表达的意义转换过来。

形象意义一般可以分为隐喻意义、明喻意义和换喻意义，三者都是以事物的形状（形象）做描绘手段而产生的意义。如河床（riverbed），以"床（bed）"的形状描绘河流之底，这类词可以在汉语中找到对应体。还有一些隐喻性形象词在汉语中找不到对应体，如 botteneck（马路狭口交通拥挤处），这就为意义转换提出了可译性问题，换喻性形象词指以一种具象事物代替与此相联系的抽象概念。比如，以 brain 代表思想、思维、智能，"rack your brains"意思是"动脑筋"。这种词义的演变方式如何在语际转换规范中加以概括，以确保词义色彩的转换是方法论的重要课题。

（六）文化意义

语言文字是社会文明所产生的表达方式，是社会文化信息的主体。在这个意义上，语言文字是一种文化信息的记录符号体系；在整个社会中，语言文字是无处不在的，它在时时刻刻将文化记录到这个符号体系中。因此，译者在语言转换中不可以忽视语言符号所反映的文化信息所承载的传递功能，意义的转换不能忽视语言文化信息的完整性和特色。否则，语际意义的传递是不完整的。

然而，承载社会和文化信息的符号系统是多种多样的。语言文字作为一种文化信息的符号系统，在语际转换中有着自己的行为模式。翻译的本质是在多层次和多方向上利用双语转换的基本机制所决定的各种替代方法来达到意义转换的目的。

第四节　翻译的基本问题

一、直译还是意译

因为英汉之间的语言文化背景不同，各方面的差距比较大，译者在翻译时常常会面对多种选择。一个句子可以直译也可以意译，在这个时候，到底用哪种方法进行翻译需要译者进行判断。当然不同的译者用直译和意译的时候可能产生不同的效果。有些人以为，斟字酌句的翻译就是直译，但是大多数的人都认为直译并不是逐字逐句。一般来说，比较遵照原文语言结构的翻译方法叫作直译，同时，脱离原文结构的约束，只按照意思翻译的做法就叫意译。逐字翻译和直译、解释翻译和意译之间并没有什么清晰的划分，但是用来讨论直译和意译概念还是比较有用的。如下面这句话的两种译法都可以使用，"They live on a lonely island of poverty in the midst of a vast ocean of material prosperity."这句话可以翻译成："他们依然生活在物质资源丰富的辽阔大海上的贫穷孤岛上。"这是比较还原原文的直译法，用了和原文相同的形象，如"物质丰富的辽阔大海"。直译的优点是保留了原文的比喻，但在可读性上少了点意思，不仅行文别扭，而且负面词语的比喻和"物质丰富"形容词放到一起显得非常的不协调。这就是直译的弊端，如果我们按照意译的方式来翻译，如："他们一直生活在贫穷的孤岛上，尽管放眼望去的是一片繁荣景象。"这样就增加了可读性，然而它的不足之处就是没有体现出原文中的比喻。但是意译并不是肆意篡改、随意添加。若意译超过了限度，就会扭曲原文的意思，给原文加上原意没有的意思。

一般说来，如果原文的意义不用语言表达，意译就不会失去意义。但是，如果原文的部分意义是通过语言形式表达的，那么意译就会抹掉形式所附加的意义。以上观点在理论上是正确的，但在英汉翻译实践中并不可行。比如，某些文学作品的意义是通过语言表达的，为了体现这种语言形式所包含的意义，就应该直译。但是，英语和汉语之间有很大的不同。原文的译法在印欧语系之间是可以接受的，但在英汉翻译中无法被中国人接受。所以，有些中国学者认为文学作品的翻译应多用意译。此外，在保证可读性的前提下，学者刘宓庆还将诗歌等文学作品纳入了可读性范畴。有时候意义只能通过完整的意译来表达，他认为这一观点与西方理论家似乎略有不同，后者把文学作品纳入表现范畴，应采用直译理论。文学其实是无法一概而论的，有的作品适合直译，有的适合意译，都是由文本决定的。英汉翻译中，有些句子明显适合直译，另一些则适合意译。这种情况下直译与意译可以相互交替或互补。在翻译实践中也存在着直译与意译并存的情况。

当今英汉翻译活动的主题并非全是文学翻译。由于经济、科技、新闻、政治等领域的内容与人们的日常生活密切相关，所以译者在翻译时不能忽视语言形式，应尽量保持目的语的特点。英汉翻译中充分发挥汉语的优势，始终是译者的方向，这种情况在全球化环境中尤为重要。如果直译违背了中国人的写作习惯，造成翻译空洞，译者就应采取意译。换言之，在大多数情况下，仍应提倡对意译。但是，在政治、经济和法律等较为正式的文本中，通常仍然会使用直译。

二、功能对等还是形式对应

实际上，这两个概念早已被提出，在被美国翻译理论家尤金·奈达完善之后，成为翻译研究中的一个重要概念。"功能等值"是指源文本与目标文本的功能等值而非形式等值。同一种语言的形式是等价的，表面上看起来和原来一样，但是由于语言体系的不同，同一种语言的形式并不能产生同样的效果。奈达认为功能对等是读者的心理反应，换言之，原文读者在阅读原文时的心理反应和译文读者在阅读译文时的心理反应是相似的。功能对等有很多优势，其中最重要的是便于信息交换。而功能对等的反对者则认为功能对等过于灵活，有可能造成原文信息的遗漏和扭曲。尽管功能对等与意译、形式对等与直译在概念上有所区别，但实际上它们是从不同的概念出发，并以不同的方式达到相同的翻译目的。

三、靠近源语还是靠近译语

有些人认为翻译应该贴近原文，因为语言反映了文化，即使原文的语言特征不是作者风格的反映，也有必要在翻译中表现出来。由于原文的语言特征反映了原文的文化特征，所以译者有必要翻译这一特征。他们还认为，过多地考虑读者会宠坏读者，要相信译文读者具有理解原文语言形式的能力，贴近原文的翻译方法可以把读者吸引到原文中来，让读者"沉浸"在作品中，这是文化交流的重要组成部分

事实上，这给翻译工作增加了负担，语言形式不应作为文化导入的工具。在大多数情况下，译者的任务是传达信息，除了一些特殊的目的，如学术研究。在这些目的中，原文的文化特征通过接近原文的翻译方法得到体现。源语文化的引入不应该以牺牲译者的语言习惯为代价，如果读者真的想通过语言来了解一种文化，就有必要学习一门外语并阅读原文。所以，翻译的基本方法应该贴近译语，充分发挥译语的优势。

四、以原作者为中心还是以读者为中心

这对概念从不同的角度讨论上面谈到的相同问题。如果译文以原作者为中心，则可能反映出原文的一些行文特色；如果译文以读者为中心，则可能发挥译语的优势。原则上讲，不应以原作者为中心，但这也要看原作者是否重要。大部分文本的作者都应该"隐藏"在文本的背后，不应该在文本中显露出来。一个电脑软件使用说明、一则法律条文、一条食品广告等都不会呈现原作者的"影子"。换句话说，读完文本后，读者看不出作者为何人。但有些文本则可能"文如其人"。一读作品，读者马上就会感到与众不同，文本的遣词造句，甚至布局谋篇都有原作者留下的痕迹。因此，一般认为如果"文如其人"，译者除翻译原文的内容外，

也有必要使译文能"文如其人"。而大部分西方翻译家认为，在译文中保留原文的语言形式是使译文"文如其人"的方法。但也有人认为，相对等的语言形式在译文中不一定起到同样的作用，而主张用符合译语的语言形式来达到"文如其人"的效果。如果做不到这样的话，也就只好把它归入翻译的不可译性。

五、写作的目的和翻译的目的联系

人们写作通常是有目的的，无论是原作者还是译者。在大多数情况下，原作者的目的与译者的目的基本相同。原作者用英语撰写电脑说明书的目的是让客户知道如何操作电脑。译者翻译此说明书的目的是让客户知道如何操作电脑。

因此，作者和译者有着共同的目的，都希望能够准确地把信息传达给读者。服装广告的作者希望通过广告来影响消费者的行为，使消费者在看到广告后购买产品。经济合同的作者希望合同能够成为经济活动的基础，合同的翻译者希望不理解原件的人能够理解原件的内容，从而使合同中的经济活动得以进行。交通广告的作者希望通过广告向公众传达交通信息，而广告的翻译者也有同样的目的。因此，大多数原作者的目的和译者是一样的。

第二章　中西方翻译发展历程

翻译是一种文化交流活动，历史悠久。本章对中西方翻译发展历程进行分析，并以此阐述翻译史研究的重要性，探寻中西方翻译史对翻译研究的意义，并为我国翻译事业的发展提供参考和建议。本章主要分为中国翻译发展历程、西方翻译发展历程以及中西方翻译标准三部分。

第一节　中国翻译发展历程

一、古代翻译

（一）佛经翻译

1.佛经翻译简述

中国的翻译活动由来已久，其第一波高潮即佛经翻译，伴随佛教的传入而展开。早在两千多年以前的西汉哀帝时期，中国便开始了佛经经句的口传。真正的佛经翻译开始于东汉桓帝时期，翻译家安世高翻译了《安般守意经》。以此为开端，佛经翻译于魏晋南北朝时期得到进一步发展，唐朝达到鼎盛，北宋日渐式微。

中国的佛经翻译大致可分为三个阶段：东汉末年和三国时期、两晋和南北朝时期、隋唐北宋时期。不同历史阶段的佛经翻译有着不同的发展。东汉末年和三国时期，佛经翻译属于民间活动，依靠他人口述经句，加以记录。该阶段的著名翻译家有安世高、支娄迦谶、支亮、支谦、竺法护等，其翻译一般为直译，如支谦提出的"因循本旨，不加文饰"。两晋和南北朝时期，佛经翻译由民间私译转为官译，成为有组织的活动，出现了"译场"。译场组织下的翻译过程更为完善，包括口译（传言）、记录（笔受）、检验（证义），且传译和讲习相结合。

该阶段的著名人物有道安、鸠摩罗什、真谛、彦琮等，其翻译较前一阶段已有了很大突破，如道安通过总结翻译经验，提出了"五失本、三不易"；鸠摩罗什提倡意译；彦琮提出"八备说"。隋至唐朝中叶是佛经翻译的全盛时期，该时期最为著名的翻译大师当属玄奘。他与同时期的不空及先前的鸠摩罗什、真谛，被誉为"四大译师"。玄奘提出的"五不翻""既须求真，又须喻俗"等翻译原则都很受认可。北宋时期，虽然宋太祖对佛经翻译事业较为上心，但是佛经翻译仍呈现颓势，自宋元以后，中国再未出现大规模的佛经翻译活动。

2. 佛经翻译对中国文学的影响

自两千多年以前佛教传入中国，佛经翻译也随后兴起，中国翻译史由此展开，迎来了翻译的第一股高潮。随着佛经翻译的深入发展，佛、儒、道逐渐融合，佛教中国化程度不断加深，衍生出完全本土化的流派，即"禅宗"。佛经翻译也在各个方面对中国产生了影响，如宗教、思想、文化等。其中，中国文学经在此过程也得到了极大丰富，具体可体现为文学题材、文学结构、文学语言三个方面。

（二）明末清初的科技翻译

明末，中国的封建王朝开始由盛转衰，一些知识分子便开始反思，并试图了解西方文化。此时西方传教士为了传播宗教便将传授科学作为渠道，以取得政府信任。传教士目的明确，所以在翻译宗教书籍时，采用了"文化适应"的翻译策略，这样方便宗教的广泛传播。这一时期并没有形成系统化的翻译思想，其中只有徐光启提出过"会通—超胜"的思想，认为翻译并不是进行简单的语言文字转换，而是要知晓双方文化差异，将中西方文化加以融会贯通。同时学者徐光启也考虑到了译者在翻译过程中的能动作用。此次翻译活动对于当时社会的发展起到了推动作用，同时对于传统翻译思想的发展也具有重要意义。

二、鸦片战争至清末的西学翻译

鸦片战争之后至五四运动之前，中国受到了西方列强的侵略逐渐沦为半殖民地半封建社会。此时中国面临的是"救亡图存"的局面，维新派开始意识到西方的强大，于是便开始了大规模的西学翻译。维新派在翻译上做出了卓越贡献。在维新派翻译理论之中，马建忠认为"善译"是翻译的标准，首次对翻译标准进行了界定。其"善译"思想与等效翻译理论相似，认为译文不仅仅是对于原文信息的输出，更是应当使读者在读译文之后，能够达到与阅读原文相同的感受。其"善译"思想透射出强烈的读者反应意识,开始重视译文的表达效果,考虑读者的阅读感受。严复在此基础上对于翻译标准进行完善,提出了"信、达、雅"。这一时期翻译西学的目的主要是"救亡图存""经世致用",因此提出的思想都有考虑到译文的表达效果。翻译思想反映出当时的政治变革,思想变迁,与当时的社会环境息息相关。

三、五四运动至新中国成立的文学翻译

随着五四运动的开展,文学翻译达到历史上最辉煌的时刻。这一时期,对于文学翻译选择直译还是意译的问题,仍然一直处于争论之中。于此,鲁迅与梁实秋还曾经展开过论战。鲁迅提出"宁信而不顺"的翻译方法,认为在翻译的过程中译文要忠实于原文,只有这样才可以对于外国文化多数量、高质量的接收。而鲁迅这种异化的翻译策略受到了梁实秋的抨击。梁实秋发表了《论鲁迅先生的"硬译"》一文,表示应该在文学翻译时更加侧重译文可读性以及欣赏性。二人论战的核心实质上就是关于直译与意译的争论。这一时期的翻译题材多为文学,各个翻译大家针对翻译标准发表了自己的见解,形成了翻译理论上"百家争鸣,百花齐放"的新局面。

四、新中国成立至今的翻译

新中国成立之后,中国政府将目光投向了人民最需要了解的"大众文化",即无产阶级文化。因此这一时期翻译的重点在于政治文献和文学翻译,并且第一次开始主动将中国文学作品翻译至国外,让西方了解中国文化。

傅雷和钱锺书是这一时期的主要代表人物。傅雷曾提出"神似说",认为翻译不重形似,而重神似,衡量译文的质量不应该只看是否符合原文的形式,而应尽量符合原文的风格。钱锺书提出"化境说",认为"化"是翻译的最高境界,在翻译的过程中,既不能因为语言文化的差异使译文有很强的翻译痕迹,而且译文应完全忠实于原文的风味。但是这一时期的学者并没有意识到翻译理论的重要性,忽略了翻译理论的研究。

当今世界是一个开放、包容的世界。各国的经济、文化、科技交流日益频繁。翻译作为中国文化的一部分,一脉相承、与时俱进,不断绵延发展至今。梳理翻译历史不仅仅能够促进翻译的长足发展,更是能够促进中华文化的繁荣昌盛。本章通过对翻译历史进行阶段性的综述,希望能够对翻译研究与发展做出贡献。

第二节　西方翻译发展历程

纵观历史过程，西方的翻译在历史上有以下六次翻译高潮。

第一次高潮发生在公元前 4 世纪末，盛极一时的希腊开始衰落，罗马逐渐强大起来。但是，当时的希腊文化仍优于罗马文化，因而对罗马有着巨大的吸引力。翻译介绍希腊古典作品的活动可能开始于这一时期或始于更早的时期。到了公元前三世纪中叶，有文字记录的翻译问世。被誉为罗马文学三大鼻祖的安德罗尼柯、涅维乌斯和恩尼乌斯，以及后来的普劳图斯、泰伦斯等大文学家，都用拉丁语翻译或改编过《荷马史诗》和埃斯库罗斯、索福克勒斯、欧里庇得斯、米南德等人的作品。这是欧洲也是整个西方历史上第一次大规模的翻译活动，其历史功绩在于开创了翻译的局面，把古希腊文学特别是戏剧介绍到罗马，促进了罗马文学的诞生和发展，对于罗马以至后世西方继承古希腊文学起了重要的桥梁作用。

第二个翻译高潮涌现于罗马帝国的后期至中世纪初期。在西方，宗教力量历来强大，特别是早期的基督教教会十分敌视世俗文学，极力发展为自身服务的宗教文化。作为基督教思想来源和精神武器的《圣经》，自然成了宗教界信奉的经典。《圣经》由希伯来语和希腊语写成，需要译成拉丁语才能为罗马人所普遍接受。因此在较早时期就有人将《圣经》译成拉丁语，到公元 4 世纪达到高潮，出现了形形色色的译本，以哲罗姆于 382—405 年翻译的《通俗拉丁文本圣经》为定本，标志着《圣经》翻译取得了与世俗文学翻译分庭抗礼的重要地位。尤其在罗马帝国末期和中世纪初期，教会在文化上取得了垄断地位，《圣经》和其他宗教作品的诠释和翻译得到进一步加强。随着欧洲进入封建社会，"蛮族"建立各自的国家，宗教翻译便占有更大的市场，《圣经》被相继译成各"蛮族"的语言，有的译本甚至成为有关民族语言的第一批文字材料。

第三次高潮发生在中世纪中期，即 11—12 世纪之间，西方翻译家们把大量作品从阿拉伯语译成拉丁语。

第四个翻译高潮是 14—16 世纪欧洲发生的文艺复兴运动。文艺复兴运动是一场思想和文学革新的大运动，也是西方翻译史上的一次大发展。特别是文艺复兴运动在西欧各国普遍开展的 16 世纪及随后一个时期，翻译活动达到了前所未见的高峰。翻译活动深入政治、哲学、文学、宗教等各个领域，涉及古代和当时的主要作品。

西方翻译的第五次发展高潮是在文艺复兴后，从 17 世纪下半叶至 20 世纪上半叶，西方各国的翻译继续向前发展。虽然就其规模和影响而言，这一时期的翻译比不上文艺复兴时期，但仍然涌现出大量的优秀译著。其最大特点是，翻译家们不仅继续翻译古典著作，而且对近代的和当代的作品也产生了很大的兴趣。

西方翻译的第六次发展高潮在第二次世界大战结束后。西方进入相对稳定的时期，生产得到发展，经济逐渐恢复，科学技术日新月异。这是翻译事业繁荣兴旺的物质基础。由于时代的演变，翻译的特点也发生了很大的变化。新时期的翻译从范围、规模、作用直至形式，都与过去任何时期大不相同，取得了巨大的发展。

第三节　中西方翻译标准的不同观点

一、西方翻译标准

（一）泰特勒的翻译标准

英国学者泰特勒于 1791 年对优秀的翻译做出定义，即"原作优点全部转移到译作中，译语使用者能够像源语使用者一样有同样的领悟和同样强烈的感受"，并提出翻译三原则。

原则一：要求译作应完全复写原作的思想。因此译者必须透彻掌握源语文化背景、作者思想，才能在原文含义模糊不清时，准确判断出与上下文最贴近的含义。但有时译者可以发挥主观能动性，适当处理原文，使得译文锦上添花。

原则二：要求译作的风格、手法特征与原作相同。译者应准确辨别原作文体风格和手法，并在译文中予以保留，这样才能在语言转换后依旧保留原文的主旨和意境。

原则三：要求译作语言应与原作语言同样流畅。译者需在忠实原作思想和风格的基础上，运用与原作同样流畅的语言传情达意。译者好比画家，临摹原作却不能照搬原作，尽管语言之间存在隔阂，但译者还是能通过另一种手法展现原作的神韵。

（二）奈达的功能对等标准

尤金·奈达是一位杰出的翻译理论家、语言学家，他在语言学研究的基础上，将信息论应用于翻译研究，认为翻译即交际，创立了翻译的交际学派。奈达认为，相比艺术或技巧，翻译更像是一门科学，要用科学的方法处理翻译问题。

功能对等是奈达的理论核心，他提出，翻译的对等不仅仅指词意的对等，还包括语意、风格、文体层面的对等。奈达提出了五种标准来判断译文的好坏：信息的传达、原文精神与风格的传达、表达的流畅性、语法的正确性以及是否收到目标读者与原读者同样的反馈。他认为好的译文应当使目标读者与原文读者在读文章时产生相同的效果，这就要求译者不仅要实现表层信息的对等，更要实现深层文化的对等，因此译者应该同样注重原文的意义和精神。

（三）彼得·纽马克的翻译批评理论

英国翻译理论家彼得·纽马克提出翻译批评的步骤分为五步：第一，分析原文（意图和功能）；第二，分析译文，在这一过程中主要分析译者翻译的目的、翻译方法以及对译文读者的考察（即是否可读）；第三，针对某一部分对原文、译文进行分析；第四，从译者、批评者和分析者层面分析译文质量；第五，判断分析译文的价值（译文中符合目标语之处）。

基于此理论有功能批评法和分析批评法。功能批评法更加侧重翻译的内容，评价者主要以原文和译文为基础，依据自己的理解来评析译文是否合格，有哪些优点以及哪些不足之处。功能批评法主要评析的是内容，不太关注某些细节。这种方法是一种以批评者为中心的批评方法。而分析批评法相对于功能批评法来说更为具体，更加在乎一些细节。评价者可以专门针对某一有争议的译文段落进行批评，针对译文中错译、漏译的地方进行批评。总而言之这种方法更为具体客观，将错误的地方改正，好的、正确的地方拿出来褒奖。不难看出，分析批评法是从语言基本结构、句法等层面出发分析译文的。

二、中国翻译标准

（一）严复的翻译标准

严复在翻译理论上最大的贡献是他在《天演论·译例言》中提出的"信、达、雅"的翻译标准。所谓"信"，就是形式和内容都应忠实于原著。但严复认为，为了内容上的忠实可以牺牲形式上的忠实。"达"就是译文的通顺畅达。严复所指的"达"就是把原文的内容在译文中很好地表达出来，使译文的读者能够充分理解原意。译者必须首先清楚地领会原文的精神再进行翻译，这样才会使译文通顺易懂。严复在谈到"雅"的时候，更多的是指用合乎规范的语言来进行翻译。"雅"的本义是"正"，"正"指的是"雅言"，即正确、规范的语言。严复深受桐城古文派的影响，他的"雅言"就是"汉以前字法、句法"。他认为："用汉以前字法、句法，则为达易；用进世礼俗文字，则求达难。"

在翻译实践中，除了尽量遵守"信、达、雅"这个总的原则外，严复采用了"达旨"或"译述"等"非正法"的翻译方法。"达旨"就是表达原文的思想、内容。"译述"就是译中有评、译中有释、译中有写、译中有编、译中有"附益"、译中有删削、译中有按语。也就是说，或评论原作的观点，或解释文中概念，或改写，或对原作增添删减，或替换（如用中国人熟悉的例子来替换原作者所举的例子）。严复这样做都是为了便于宣传西方先进的思想，以适应当时社会的需要。

（二）蔡元培的翻译标准

1906 年，蔡元培出版了《国文学讲义》一书。在该书的序言中，蔡元培集中阐述了他的主要译学思想。蔡元培在继承和发扬我国唐、宋以来"译即易"的翻译理论基础上，对该理论有了新的理解和深化。他对"译即易"的理解包含了三层不同的内容：翻译是一种语言转换活动，这个层面上的"易"就是变换或改变；"易"的第二层意义是简易，也就是说，翻译的作用是使不懂的语言变得使人容易明白和理解；最后一层"易"的意义指传递或传播，即翻译活动除了语言的转换以外，还可以传递思想，传播文化。

在《国文学讲义》中，蔡元培还提出了"横译""纵译"与"一译""再译"的译学思想。蔡元培所谓的"横译"指不同语言之间的翻译，"纵译"则指国语古文的今译。蔡元培认为，由意识触动而萌发的语言也可称为一种翻译，即"一译"。这一思想是蔡元培的首创，包含深奥的语言哲理，令人耳目一新。蔡元培所谓的中国独有的"再译"是针对当时我国言文不一的状况而提出的观点，即语言和文字的对等转换可称为"再译"。在后来的新文化运动中，蔡元培的这一观点成为提倡白话文的主要理论武器。

（三）鲁迅的翻译标准

任何一位译者在翻译的过程中都极为讲究对原作的忠诚度，他们希望能够原原本本地传达原作的意思。换言之，也就是希望自己的译本能够和原作对等。然而，大量分析表明，这种对等绝不可能是常量，而是变量，是一种适度的对等。除受到原作本身文化内涵和背景的限制之外，译者母语的文化背景和读者的理解能力都会导致这种适度的平衡有所偏颇。这种适度可以体现在对原作的忠诚度上，对译文的可译性上和对读者的可接受性上等。不同译者对于适度的理解不同，抑或是对于翻译有迥然不同的价值取向。因此，如何正确界定这种适度，也变得众说纷纭、难分伯仲。

每当提起鲁迅的翻译观点，人们想起的似乎就是对他"硬译"的诟病，认为鲁迅过分追求"异化"翻译。然而，事实并非如此。鲁迅并不是一味地"异化"和"硬译"，相反，是在异化与归化、直译和意译中的黄金分割点上展开翻译。

1. 欧化与异化策略的异同

鲁迅在翻译中所提倡的"欧化"，并非现代译学中美国翻译理论学家劳伦斯·韦努蒂主张的"异化"。在忠实原作、保留源语文化异质性方面，欧化和异化没有差别，它们都是与归化相对而言的。然而，两者在目的性上有根本的不同，韦努蒂强调在世界文化权力不对等的当下，翻译势必会倾向于强势国家，造成翻译的单一化和强权化，因此他提出"异化"，反对强势国家文化的霸权以及保留弱势国家文化的独特性。鲁迅则是从中国国情出发，为了改造中国语言和文化，进而唤醒大众，他借用外国原汁原味的源语文化来丰富中国文化。也就是说，韦努蒂站在弱势国家的立场上，强调翻译文化的多样性，而鲁迅，则强调弱势文化向强势文化学习，借以改变自我命运。综上，两者在出发点上有较大的差异，因此不能把这两者的概念加以混淆。

2. 欧化策略指导下的具体实践方法——硬译

"硬译"一直被认为是鲁迅提倡的翻译方法，他认为"硬译"是："按板规逐句，甚而至于逐字译。"鲁迅认为翻译要忠实于原文，不仅要逐句，甚至要逐字对应，句法结构、句子顺序也要一一对应。他的翻译观和"直译"在忠实原作上是一致的，只是程度不同罢了，在一定程度上，"硬译"可以看作"直译"的极端表现。另外，"硬译"的产生来自那个时代鲁迅对立人、立国、立民的深切渴望，他渴望通过借用异域语言来改造中国语言，通过外来文化的输入，创造新文化。可是翻译带来的效果是漫长持久且成效甚微的，因此他寄希望于那些受过良好教育的精英读者帮助推动语言"欧化"的大众化趋势，希望他们能够带着"硬着头皮看下去"的精神好好地接受和吸收这些异域语言文化。然而，这种"硬译"带来了译文晦涩难懂的问题，非但没有达到该有的效果，反而为鲁迅带来了数不清的舆论批判。译者梁实秋就曾抨击过鲁迅的翻译方法，并将之与"死译""曲译"相提并论。

3. 适度的体现

鲁迅在其翻译实践中并非通篇采用"欧化"策略和"硬译"，在此指导下的译文只是极少数，更多地则是以忠实原作为基础，将"欧化"和"归化"相结合、寻求"适度"的策略翻译的。尤其是在儿童文学作品的翻译上，鲁迅更是追求"去欧化"。

（1）一味欧化

1909年，《域外小说集》出版，标志着鲁迅"欧化"翻译策略的正式实施。此后，鲁迅大部分作品仍采用"直译"，而只有少数作品，如《艺术论》和《文艺与批评》采用"硬译"，却激起了梁实秋等人对于"欧化"和"硬译"的抨击，引起了著名的翻译论战。事实上，鲁迅本人在通过"硬译"的少量实践中，就已经明白了它的局限性。

第一，"硬译"作品的受众有明确的限制和过高的期望。鲁迅认为，"外来语汇的引进应是一个自然的过程，译者只能为这个过程提供素材，适时引导，而不应把读者一时还不能接受的东西一股脑儿地强加给他们"。这也就是说，鲁迅在翻译中仅仅只考虑到了读者接受的动态性，即它对语言、文化方面积极的推动作用，包括文化的"融异化同"的功能，而没有考虑到读者接受的保守性。正是这种保守性阻碍了异域文化的传播，也给鲁迅带来了铺天盖地的指责。

第二，"硬译"方法中过分强调句法一致，忽略了文化可译性及文化可接受性。中西文化有很大的差异：首先，英语注重结构的严谨性且多用被动句和复合句，而汉语注重意思的表达则更倾向于用主动句和简单句，如果在翻译时一味苛求一致，则会导致汉语句子冗长并且成分赘余，使句意晦涩难懂。其次，中西文化背景截然不同。在西方国家人们都很喜欢养狗，因此他们常用狗来自称或互称。而在中国，自古以来，狗便是"令人嫌恶"的，和狗相关的也多是贬义的词语，如狐朋狗友、狼心狗肺等。所以，在英语中，"You are a lucky dog"若是"直译"过来便是"你是一只幸运的狗"，让人很不舒服。

因此，鲁迅在实践过程中便已发现了"硬译"的缺陷，他开始寻找"欧化"和"归化"的适度平衡点。

（2）欧化和归化

在经历了"硬译"翻译的失败后，鲁迅认识到："翻译一直都是一个不可避免的归化过程，其间异域文化文本被打上使本土特定群体易于理解的语言和文化印记"。因此，他在诗歌和戏剧的翻译上放弃了"欧化"策略，认为通俗易懂的译文才是最合适的。他的第一部戏剧译本《一个青年的梦》这样写道，青年问："这里有什么事？"不识者答："有平和大会呢。"全篇都采用极其简单的话语，人物对白明了。而在文艺理论翻译中，鲁迅也认为意译是必不可少的，尤其是专业术语，否则读者不能掌握其意思。由此可见，鲁迅在诗歌、戏剧、文艺理论翻译上的转变表明他已经寻找到这种适度——让读者能够读懂作为底线，"保持异质文化"的"欧化"翻译才是他以及当时所有主张"欧化"翻译的译者的目标。因此，鲁迅采用了"归化"翻译。而正如郑振铎所说的"忠实而不失其流利，流利而不流于放纵"是每一个译者都应追求的最高目标。

（3）去欧化

鲁迅在儿童文学上主张"去欧化"，他认为孩子是未受传统文化迫害的最有希望的一代。因此，他充分考虑到了孩子的接受能力，选择能够满足孩子好奇心的内容，采用轻松浅显的方式翻译。鲁迅在其译本《小约翰》中这样写道："云彩还在发光。东方的天作深蓝色。柳树沿着岸站立成行。"这样的表达已丝毫看不出"欧化"的痕迹，只是鲁迅自己曾说过："可惜中国文是急促的文，话也是急促的话，最不宜于译童话；我又没有才力，至少也减了原作的从容与美的一半了。"由此可见，正是因为鲁迅精益求精的钻研精神和对"归化"翻译的采用，创造了他在儿童文学翻译上的巨大成就。

总体来看，鲁迅在翻译史上经历了一段比较长的摸索期，为实践"欧化"策略付出了很多。然而，他在实践的摸索中，不断调整自己的翻译方法及策略，最终发现了"适度"这一理念，将"欧化"和"归化"相结合，为未来中国的翻译提供了宝贵的经验和丰富的理论及实践指导。因此，任何译者都应当同鲁迅一样，在实践中发现最适度的翻译标准，并努力找到"信"和"达"之间的动态平衡点。

（四）林语堂的翻译标准

说到翻译标准，最为人们所熟知的，就是中国近代翻译家严复提出的"信、达、雅"三原则。林语堂先生在继承和发展严复的翻译原则的基础上，进而提出了自己的翻译标准——忠实、通顺、美。

1. 忠实

林语堂先生在《翻译论》中，根据忠实程度，将译文分为直译、死译、意译和胡译。他认为忠实是译者首要的责任，译者必须忠实于原文作者传达的内容及思想。当然，这里的"忠实"也不是要求字字对应，如果字字对应，就会显得很死板、无趣，甚至会传达错误的信息。譬如，巴黎圣母院的法语为"Notre Dame de Paris"，若是字字对应地翻译，就成了"我的巴黎妻子"，这就很可笑了。所以忠实原文，不应该以"字"为单位，而应立足于"句子和篇章"，灵活地看待字义。当然，两种语言本来就有许多差别，也不可能完全对等。译者和原作者又是两个完全独立的个体，不可能拥有完全相同的理解和思想。因此这里的"忠实"也只能是相对的，只要译者能够准确地传达出原文的意义和神韵即可。另外，译者还应领会原文隐含的感情基调或情感倾向，如讥讽或赞扬，这些都应该列入译者忠实原文的考虑范畴之中。

2. 通顺

林语堂先生的通顺标准，也同样继承并发扬了前人的思想。通过比较可以看出，林语堂先生的"通顺"标准与严复先生的"达"的翻译原则很相似，但林语堂的通顺标准更具有实践性，是对"达"原则的继承、创新与发展。通俗地说，译者的语言表达应按读者的语言方式进行创作，要适合读者的思维方式和认知习惯。在翻译汉语著作时，林语堂先生选择了便于西方读者理解的翻译策略，对汉语中的一些文化因素做出适当的替换、修饰或者删减。譬如，在他的中译英著作《浮生六记》中，"一手挽红丝，一手携杖悬姻缘簿"这句话，林语堂先生将其译为："In one hand, a red silk thread for the purpose of binding together the hearts of all couples and..." "红丝"是中国传统的专有名词，表示月下老人用来连接情侣姻缘的媒介。但西方读者并没有相应的文化背景，他们是不能明白"a red silk thread"的意思，而且红色会让他们联想到暴力与血腥，而不像汉语象征男女浪漫的爱情。因此，林语堂巧妙地做了解释："a red silk thread for the purpose of binding together the hearts of all couples." 没有直接将"红丝"去掉，而是保留了"红丝"并加以解释，比较准确地将中国传统文化传播给了西方的读者。

3. 美

林语堂先生说过"凡文字有声音之美，有意义之美，有传神之美，有文气、文体、形式之美，译者或顾其义而忘其神，或得其神而忘其体，决不能把文义、文神、文气、文体以及声音之美完全同时译出。"从中便可看出，他十分重视翻译作品的美，他认为翻译是一门艺术，既为艺术，就必须具备美感。说到"美"，值得一提的便是诗词翻译的新范式标准"三美原则"：意美、音美、形美。例如，林语堂翻译的《声声慢》，就很好地诠释了"美"的标准，也正是这首诗的翻译，激起了学者对林语堂先生翻译的探究兴趣与深入思考。这里仅以"寻寻觅觅冷冷清清凄凄惨惨戚戚"为例，"so dim, so dark, so dense, so dull, so damp, so dank, so dead." 在尊重原文的基础上，译为 14 个音节、7 个双声词，且每组都以"so + d"开头，高度还原了原作 14 个字、7 个叠音，形式上对仗工整，令人赏心赏心悦目，从而达到了形美；另外，此句读起来也朗朗上口，达到了音美；7个"so"的连用，也使情感层层递进，从而达到了意美。

4. 林语堂的翻译标准的影响

林语堂先生的翻译标准的有很大的影响力。作为英语专业的学生，翻译是必须掌握的一项基本技能。因此英语专业的学生首先要打牢英语基础，减少语言认知和理解上的错误，并学习和运用林语堂先生的翻译理论，这样才有可能达到忠实和通顺的标准。例如，美国女诗人艾米莉·狄金森的诗 *I'm Nobody! Who are you?* 中的 "advertise"（原句：Don't tell! They'd advertise —— you know!），有人将其直译成"到处打广告"，尽管这就是原词的本义，但略显生硬，且让读者难以理解，还是追溯到这个词的本义，将其理解成与"说"有关的行为，译为"到处宣扬"或"传开去"较为恰当。因此在翻译时还要从英语的角度理解语言的多义性及内涵。当然在学习英语的同时，还不能忘记钻研博大精深的中国文化，这样才能做到在两种语言之间更好地切换。另外，翻译理论是基础，必须要学习和研究，但不能仅仅是纸上谈兵，还要真正付诸实践，多加练习。力求在实践中体悟感情，形神兼备，从而达到美的标准。

林语堂先生是中西方文化沟通和交融的桥廊，他将中华文化的精髓传播到西方，同时也让中国人了解到西方文化的本质。他的翻译理论，尤其是他的翻译标准，都值得每一个外语人学习和探究。

（五）傅雷的翻译标准

1. 神似论

经过大量翻译实践，傅雷先生提出"神似论"。傅雷先生在《〈高老头〉重译本序》中写道："翻译应像临画一样，所求的不在形似，而在神似。"从此，"神似论"成了傅雷先生翻译思想的精华。许多学者认为，"神似"起源于傅雷先生的艺术底蕴（尤其是绘画）。

傅雷先生认为不同国家语言文化不同，所以在翻译时他强调传达原著的精神、内涵等，而不是生搬硬套，照搬形式。傅雷先生曾经说过"民族的 mentality 相差太远。外文都是分析的、散文的，汉语却是综合的、诗的。这两个不同的美学原则使双方的词汇不容易凑合"。傅雷先生在《翻译经验点滴》中说道："中国人的思想方式和西方人的距离多么远。他们喜欢抽象，长于分析；我们喜欢具体，长于综合。要不在精神上彻底融化，光是硬生生地照字面搬过来，不但原文完全丧失了美感，连意义都晦涩难解，叫读者莫名其妙"。所以在文学翻译中，形式和内涵必须取舍时，他特别强调"神似"的重要性，即传达原著的旨意、精神和内涵。

学者罗新璋曾把我国传统的翻译理论体系归结为四种基本思想：案本—求信—神似—化境。可见"神似论"在中国翻译史上的重要地位。但是，傅雷先生"神似论"的具体内容是什么呢？由于傅雷先生没有对"神似论"进行详细的解释和描述，所以"神似论"有很大的研究空间，许多学者投身其中。例如，学者王秉钦认为"神似"之内涵主要有三：一是化为我有；二是行文流畅，用字丰富，色彩变化；三是气息贯通，即文脉贯通。学者修文乔则从副文本出发，探索研究傅雷先生的翻译思想和"读者观"。学者杨全红认为，傅雷先生的"神似论"源于其绘画思想。

学者黄忠廉认为，傅雷先生的"神似论"只是一种翻译思想，尚不足以形成系统化的翻译理论。尽管傅雷先生曾说过"重神似不重形似"，但并不能简单地理解为只要神似，不要形似。形与神构成了作品的整体，形是神的载体，神是形的意义。要达到神似，必须形似，形似是神似的基础。傅雷先生曾解释说："最大限度内我们是要保持原文句法的。但无论如何，要叫人觉得尽管句法新奇而仍不失为汉语。风格的传达，除了句法外，就没有别的方法可以传达。"从傅雷先生的话语中，能够体会到形似与神似和谐的辩证统一，只有形似达到一定程度，才能更好地达到神似的境界。

2. 译者观

傅雷先生作为一名出色的翻译家，不仅提出了翻译思想"神似论"，还对译者提出了要求。一件艺术品，就要还它一件艺术品，像艺术家一样的译者，必须要有艺术基础。所以，翻译文学作品的译者，不能只是认识、理解外语，还必须具有一定的文学素养、文化底蕴，否则会将一流文学作品译为三流作品。所以，傅雷先生提出了以下几点要求：

首先，译者必须透彻了解翻译对象。翻译工作是一门神圣的事业，译者必须认真了解原著、原著作者和自己，必须加强自身的学识和修养。作为译者，在翻译工作的准备阶段，必先熟读原著，彻底分析情节、故事。只有这样，才能捕捉到隐藏在字里行间的微言大义，为"神似"打下坚实的基础。

其次，译者须对自己的定位准确无误。不善于说理的人不适合翻译理论书籍，不会作诗的人不可翻译诗歌。译者要对自己精确定位，对翻译对象精确定位。这样利用自身优势，结合原作的优秀之处，译作可谓双剑合璧。在傅雷先生的观念中，译者对原著的适应力也是极为重要的。他曾说道，测验"适应"与否的第一个尺度，是对原著是否热爱，因为感情与了解是互为因果的；第二个尺度是我们的艺术眼光，没有相当的见识，很可能自以为适应，而实际却是一厢情愿。傅雷先生翻译《贝多芬传》就是基于他自身对于该作品的热爱。所以，译者的自我定位，除了要关注其自身擅长的领域，还应关注其情感偏好。

最后，译者的阅历和人生经验，对翻译也具有重要作用。文学作品的最终目的、表达的思想观点、抒发的感情等都是与人相关，与社会现象相关的。译者必须拥有丰富的人生经验才能够更好地体会到原作者想要传达的深刻含义。所以，译者需训练和提升自身的想象力、观察力和领悟力。傅雷先生说过，文学家是剖析社会的医生，挖掘灵魂的探险家，悲天悯人的宗教家，热情如沸的革命家。译者就是他们的发言人，所以译者也得像医生一样审慎精准，像探险家一样勇敢大胆，像宗教家一样虔诚，像革命家一样热情洋溢。

3. 读者观

傅雷先生不仅秉承尊重原著的态度，还怀有对读者的赤诚之心。傅雷先生在翻译准备阶段和翻译过程中一直把读者放在心中，怀揣一颗对读者负责的心。其读者观主要体现如下：

第一，谨慎严苛地选择翻译对象。傅雷先生曾在法国留学，在此期间，他徜徉在艺术的海洋里，流连于巴黎的精致美丽，感受卢浮宫的艺术气息，汲取欧洲各国的艺术养分。傅雷先生在艺术审美上极具造诣。因此他选择的翻译对象通常蕴含着极高的艺术价值。

第二，以方便读者为己任。例如，在翻译法国著名犹太作家莫洛亚的《情操与习尚》时，傅雷先生考虑到读者的心理，认为直接翻译原著的名字会显得比较晦涩，于是翻译为《人生五大问题》。傅雷先生在理清繁琐的人物关系，以及周密地对比中西称谓系统后，在《〈贝姨〉译者弁言》中阐释了该书译名的缘由。他的这种做法不仅能方便读者了解东西方文化差异，而且能够帮助读者更加深刻地理解感悟作品的内涵意义。除此之外，傅雷先生还为译文加注，提供背景资料，让读者能够更好地领略外国的文化。

第三，为读者提供不同的视角。他在译作序言中，给出了自己的观点、立场以及对作品的探究和解析。在《〈塞查·皮罗多盛衰记〉译者序》中，傅雷先生介绍了原文作者的创作过程，然后针对该作品提出自己批判资本主义社会剥削本质的观点，他还指出该作品的一些局限之处。又如在《〈艺术论〉译者弁言》中，傅雷先生根据个人学识和对原著的深刻理解，提出了实证主义的局限性和科学精神的片面性。傅雷先生在序言中呈现的观点，并非其个人片面之词或者胡乱猜想，而是基于他对原著的深入阅读、深刻领悟和收集整理的大量相关资料，这是对读者的一种引导，使读者能够保持着批判思考的态度进行阅读，而不是成为被作者牵着鼻子走的人。

（六）钱锺书的翻译标准

1. 翻译的"信、达、雅"

明末清初，"信、达、雅"的翻译理论由维新派代表人物严复提出，长久以来它一直是衡量优秀翻译作品的标尺，也是许多翻译家心中的标杆。"达"是指不能局限于原文而放弃句子的顺达。"雅"是指在选择词汇和组装句子的时候要做到让文章更简单明了、优雅得体。严复也曾坦言，"信、达、雅"在翻译中互相关联又各占一方，是难以共同成全的三个方面。求"信"本身已经是极高的门槛，如果仅仅关注"信"使得文章不"达"，那么之前的翻译便成了徒劳。"信、达、雅"至今仍是中国翻译界推崇的原则。

在《管锥编》第三册中，"信、达、雅"原则被钱锺书先生赋予了新的内涵和阐释。书中序言简单说明"信、达、雅"的概念，正文对三者进行了更为深入的研究与思辨："译事之信，当包达、雅；达正以尽信，而雅非为饰达。依义旨以传，而能如风格以出，斯之谓信。支，严于此，尚未推究。雅之非润色加藻，识者尤多；信之必得意妄言，则解人难索。译文达而不信者有之矣，未有不达而能信者也。"此外，他指出"信"是根本，没有做到"信"，"达"和"雅"就会沦为无稽之谈；当然，如果没有做到"达"，那么"信"也难以成立，达不到通达这个标准的译文又谈何对原文本的忠实；而"雅" 也并非通常意义上的通过华丽辞藻使文句优雅。在钱锺书看来，"信、达、雅"是缺一不可的体系整体，"信"处于统摄地位，包含了"达"和"雅"。这是对"信、达、雅"辩证关系的第一次系统阐释，对后面的翻译实践和指导产生了深远的影响。钱锺书先生面对棘手的翻译问题，也常常能够"圆滑"地进行处理，使得"信、达、雅"能够和谐共存。

2. 翻译的"化境"

19 世纪 60 年代，《林纾的翻译》一书首次将佛教词汇"化境"引入翻译。

钱锺书指出，达到"化镜"就是翻译的最高境界。"化境"指能够把原本流畅翻译且不失原有神韵。"化境"以"美"为标准，较好地呈现了钱锺书现代翻译理论的思想精髓，对译者也有一定的启示作用。

翻译不能因原文和译文的语言环境有差异，而使译文显得生搬硬套。如果出现这种情况，需要对译文进行"化"处理，达到通达流畅的效果。"化"处理的时候，译者不能随心所欲地"化"，而是应该充当一个传输者的角色，将精美包装后的真实物品呈现在世人面前。

（1）"诱"

钱锺书认为，翻译是作为一种媒介存在的。"诱"说明了翻译在文化交流中所起的作用，它是个居间人或联络员，介绍大家去认识外国作品，引诱大家去读外国作品。翻译以语言为载体，借词句为躯壳，将两种文化杂糅成型，把自己的灵魂送往另一个国度。"诱"是译文读者和原文之间的连接纽带。好的译文能够吸引读者对另一种文化产生兴趣。反之，坏的译文也会让原本生动的文化失去原味，让人难以"下咽"。精准的翻译可以使两种语言"喜结良缘"，建立文化的"可接近性"。语言虽然是不同国家之间交流的阻碍，但也是他们传播的载体。译文应当让读者产生亲切感，让读者萌生对于作品本身乃至作品背后历史文化的好奇和向往。无论是文学作品还是医学文献，它们的翻译都应该做到"诱"。

（2）"讹"

《林纾的翻译》对"讹"也进行了细致的阐述："一国文字和另一国文字之间必然有距离，译者的理解和文风跟原作品的内容和形式之间也不会没有距离，而且译者的体会和自己的表达能力还时常有距离。"因此，他认为，译文失真不可避免，意义或口吻的非贴合即产生"讹"。可见，翻译也是反逆性创作，具有创造性的叛逆，"译"和"讹"终难两全。译者能做到的就是尽力了解原文和译本所处的文化环境、历史条件，然后在理解的基础上对原文进行翻译。

（3）"化"

钱锺书认为"化"是翻译的所有境界中最高的一种。如果译文能够做到在保留原文风格的情况下，又让读者觉得亲切得好像一本自己母语的文本，那么它就做到了"化"。"化"要求译者和作者在人文环境、素养等许多方面保持高度的相似，以此达到"神似"的目的，而实现这一点非常困难。译者不但需要在书中与作者对话，寻得原作的灵魂所在，还需要在原作的基础上进行全面的包装，让译本更符合读者的习惯。因此，"化境"被认为是翻译的最高境界。由于"化"的要求和难度过高，不适合作为翻译好坏的评判标准，而应该作为翻译的目标。

"化境"思想在中国传统翻译实践沃土中萌芽生长，在传播和发展"信、达、雅"的基础上，汲取东西方文化思想，最终达到如今繁茂的景象。"化境"翻译理论至今仍闪烁着光辉，没有因为时光的流逝而黯淡，对于翻译实践具有极强的启示作用。

（七）王佐良的翻译标准

1. 翻译工作的认识

从古至今翻译都是文化发展、民族交流的推动器。从汉朝佛经翻译到明末清初翻译浪潮，都可以看出翻译在文化传播发展，社会进步中发挥的重要作用。在经济高速发展的今天，翻译的功能和作用愈加清晰。王佐良先生曾说道："如果去掉翻译，每个民族的文化都将大为贫乏，整个世界也将失去光泽。"世界文化交流离不开翻译的润色，翻译能丰富各民族的文化。

王佐良先生认为中国古代的翻译和近代的翻译发展深深地影响着中国文化，同时也改变着中国。他认为改变 20 世纪中国文坛的是翻译。近代西方资本主义思想的传入和马克思主义在中国的传播都要归功于翻译，这些思想给当时动荡的中国带来的前所未有的新生。

王佐良先生非常注重文学作品的翻译，一直致力于通过翻译为中国读者引进国外优秀的文学作品。他认为文学翻译是一种再创造的行为，是个有趣丰富而非枯燥机械的过程。翻译一部文学作品，译者首先就要对其有兴趣，翻译是译者与作者的一次思想融合，一次灵魂交锋，一次再创造的过程。译者在整个翻译过程中就如一名表演工作者，不仅要对自己的"剧本"熟悉，还要融入其中，通过自己的"表演"，向"观众"传达出"原剧作者"所思所想，赋予每个人物以灵魂。他曾说，文学翻译的要求是严格的，但其给予译者的慰藉却是甜蜜的。

2. 文字和风格

翻译作品的选词造句会根据作品的风格而有所改变。王佐良先生曾提到他在翻译培根散文时，由于其用语深奥，文法精炼简短，多有警句，所以采用了浅近文言来翻译它。同时先生还提到除了个别情况，他一般多采取白话文进行翻译。因此译者在翻译过程中，要对原文充分理解，这个理解不仅包含了思想、情感上的共鸣，还有原作者的笔调文风及其性格。一个人的性格会在其作品当中有所体现，而其文风就是整个作品的基调，所以在翻译过程中要尽量避免"张冠李戴"。如果把培根的散文译成大白话必损其轮廓，同时对读者来说恐怕也不是一次愉快的体验。

对于风格，王佐良先生认为："适合就是一切。文学体的灵魂在于研究什么样的语言适合什么样的场合。"也就是说译者需要通过文字语言，来呈现原作品的内容和精神，语言和场合需要相互协调。译作的风格和原作保持一致，这样才能最大化地为读者带来相同的阅读感受。也就是说原文如果是客观理性的那么译作也得是客观理性，切不能情感充沛，反之亦然。因为文章的风格取决于作者以何种方式清晰地描绘内容并传递给读者，所以表达方式对文章风格至关重要，且是不可逆的。译者不能为了"美"而美，这样就改变了原文的特点与风貌，所以他认为"从译文来说，严复的'信、达、雅'里的'雅'是没有道理的——原作如不雅，又何雅之言？"

3. 直译与意译

在当今世界各国高速发展的时期，各个国家对本国本民族的文化信心不断增加。为了传播本国文化，在对本国或他国文学作品进行翻译时，对一些他国的文化元素是进行意译还是直译的争论一时不休。王佐良先生曾提到《企鹅古典丛书》的主编瑞欧认为翻译要"Write English"，也就是说译文要符合英语表达习惯，由此可见译者进行汉译时，语言要符合汉语的表达习惯，避免生硬，以"顺"为主。这里的"顺"其实就是意译，由此可看出，意译的目的其实就是让读者觉得"顺"。但是有时候过度地追求"顺"，可能会造成原味的缺失。而直译可能不会那么"顺"，但是它一定是保留原作痕迹最多的一种翻译方法。

在王佐良先生看来"直译与意译之争，最好的检验标准仍然是译文本身的质量"。无论直译或是意译都不能绝对化，两者需要进行搭配，有意有直。通过协调搭配的译文能更贴切地表达原意，与读者达成共鸣，从而产生文化交流。译文质量的好坏是由读者决定的，好的译文能和读者达成精神上的交流，即不会因为用语太过晦涩而难以理解，也不会因为过于通俗而失了本质。文学翻译中，过度的强调哪一点，都可能影响译文的质量，不利于文化的交流传播。所以译者在翻译过程中，要围绕作品本身，要有机动性，该直译时直译，该意译时意译，不可厚此薄彼。

4. 诗歌翻译

诗歌翻译历来是一大难题，关于诗是否可译各方观点不同。王佐良先生认为诗是可以翻译的，"我认为绝大多数的思想观念，即使不是所有的，都是能够翻译出来的；不易翻译的是原作的气氛，或者说力量。翻译诗词尤其如此"。诗歌翻译介于可译和不可译之间，正是这种特性让许多译者为之神往，不断通过翻译来检验其是否可译。在王佐良先生眼中，翻译诗歌是一种趣味，是一种创造，虽然诗歌翻译困难重重，但是这些关卡恰是译者的兴趣所在，也是乐趣所在。

他认为"诗歌翻译须像诗"，那么怎样才"像"呢？除了尽量还原诗歌本身的力量外，还要将诗歌原有的意象、内容、格调、情感、意境忠实地表达出来，以期给读者以相同的情感冲击。当然由于文化差异，诗歌原作的格律无法完全一模一样的译出，但是也要求要大致相同，也就是说诗体要有，该押韵的地方也要押韵。译诗要求译者读熟读透原作，熟悉原作中的文化象征，理解原作想要真实传达的意义。一千个人眼中有一千个哈姆雷特，因此译者就算自觉吃透原作，理解原作想表达的意义，也不能对原作中的意象进行意译，应该忠实无误地译出。原作采用了怎样的比喻和词语，无论译者的理解如何，都应照搬。就如王佐良先生所言"如果原诗里有某个比喻，应该把它直译过来，保持它原有的新鲜感和气势。"由此原作的特点和气势得以保留，给读者以新的想象。

诗歌中的词都有其特殊的含义，给人的联想启发也是不同的。正如罗伯特·弗罗斯特所言，"诗歌翻译必定会在过程中丢掉一些东西"。而这些东西往往又是诗歌最为重要的情感及氛围的载体。例如，中国诗歌中，只要一提到"柳"必是惜别，留恋；同样，提到"杜鹃"必会联想到思国思乡之感。这些东西很难翻译，就是因为其在不同的文化当中引发的联想是不同的，非本国文化的读者可能很难理解其中深意。如何翻译这些意象就是一位合格译者展现其功力的时候，也是古往今来译者的追求。

5. 译者文化素养

王佐良先生认为"翻译者必须是一个真正意义的文化人。不了解语言当中的社会文化，谁也无法真正掌握语言"。由此可见，翻译人员的文化素养，在翻译过程是非常重要的。译者需要不断了解，不断学习两种语言及其文化，也就是说译者要系统地学习了解这个文化的过去和现在，包括政治、历史、文化风俗、经济科技、哲学情感等的发展历程。只有成了真正的文化人，译者才能理解原作的氛围与力量，才能找到更加准确的表达形式。

而这种素养的形成不是一蹴而就的，也不能填鸭式的灌输，这就要求译者要有意识地自主地汲取知识，并要做出自己的思考总结，将其化为己用。当今世界网络发展迅速，相较过去，译者有许多渠道可以获得知识，了解他国文化。译者要善于使用网络资源，加大其在翻译过程中的利用率。

（八）方梦之的翻译标准

纵观译学的发展史，方梦之对我国翻译体系的形成做了深入研究，提出了"一体三环"的译学思想。这里所谓的"一体"指译学本体，"三环"是指具有不同性质的、在不同时期形成的译学外部系统的三个发展阶段。译学本体经过多年的孕育，已经不断成熟与完善，成为整个译学理论不可或缺的重要基础，也是译学研究和发展的核心。20世纪50年代至20世纪60年代，语言学及其分支学科的发展对翻译理论造成了巨大影响，促使学者对翻译的研究从原来的感性认识走向理性认识，从经验感知走向科学引领，这是围绕译学本体的"一环"。20世纪70年代至20世纪80年代，一些新兴学科如符号学、交际学、心理学、信息学和思维科学等相关学科开始兴起与繁荣，使译学理论产生了深刻变化，促使译学研究从单一学科的研究发展成为多学科、综合性的互交式研究，从而形成了"一环"之外的"二环"。"二环"之外的是20世纪90年代兴盛起来的翻译文化研究，即所谓的"三环"。翻译文化研究的起步促使译学理论研究走向真正意义上的综合研究，具备了多层面、交叉式、全方位的特点。方梦之的"一体三环"论不仅揭示了翻译研究与语言学、符号学、交际学、心理学、美学、信息学和思维科学等相关学科的关系，还把翻译融入政治、哲学、社会文化、意识形态等大背景下进行多维度研究，从而为翻译的研究和形成体系提供了更科学和合理的诠释。

（九）罗新璋的翻译标准

受著名翻译家傅雷的影响，罗新璋提出，翻译要"离形得似"，即要摆脱原作的形式，以求得译作与原作的神似。尽管这个理论在实际的翻译实践中有些理想化，但是这样的译学思想有利于激励译者向翻译的高标准努力，鞭策译者不断提高和完善自身的翻译水平。"离形得似"不仅在理论上提出了翻译高标准的宏伟目标，而且能切实地引领和指导具体的翻译实践。

罗新璋还在《红与黑·译书识语》一文里提出了"三非论"。在他看来，将外文译成汉语时，译者应当摆脱原文的结构形式，尽力把外文译成纯粹的汉语，使译文通顺明白，符合汉语的语言表达习惯而非外国式汉语。其次，文学翻译不仅仅是文字的转换，同时也是艺术的再现。外国文学作品的翻译需要译者根据原作的体裁展现文学语言的魅力，而非只是文字翻译。最后，文学翻译只追求"精确"是远远不够的，因为精确的译文未必能达到精彩的境界。文学翻译中所谓的"精彩"，就是译文应具有文学色彩，能再现原文的文学气息。罗新璋认为，若要将外国文学作品译为汉语，第一是要意译，译文不能拘泥于原文的语言形式；

第二，翻译应当如写作，在译文中可适当使用骈偶之辞，以增加译文文字之优美，增添译文的文学品味；最后，文学翻译应追求文字的精彩，让读者读后兴趣盎然，余意不尽。

三、翻译标准的多元互补与和谐

（一）翻译标准的原则

随着经济全球化的发展，近年来翻译工作也取得了较大发展。目前关于翻译标准存在着下述五种翻译原则：第一，"字意同译"原则，即翻译时要遵从原文进行翻译，保障原文所表达的意义，不能文不对题，也不能南辕北辙；第二，"框架保留"原则，即原文是什么句式、什么逻辑，译文也应当是尽可能地与原文相似。不能说原文是五个小短句，译文用一个大长句来表示，要保留原文的形式；第三，"风格保留"原则，即译文必须保留及反映原文的风格，原文若为"武侠"风格，译文就不能为"都市"风格，必须形神兼备；第四，"时代特征一致"原则，即原文用了什么时代的语言习惯，译文中也应使用该时代的词汇表示。比如，对于19世纪的"desk"的翻译，将其译为"桌子"即可，若将其译为古时候的"案牍"或者现代的"茶几"，显然是不合适的；第五，"增删一致"原则，即原文中删除或增加某部分，译文也随着删除或增加某部分，整体逻辑结构和框架不变。这五种原则反映了人们对翻译标准的理解。但随着现代信息技术的快速发展，学科交叉融合的不断深入，翻译学也呈现出跨学科性和综合性，增加了翻译标准的构建难度。

（二）多元互补理论的内涵和意义

多元互补理论即"多重互补"理论，旨在解决翻译标准、直译与意译、诗歌是否能译的争议。其中翻译标准的多元互补理论是由若干具体标准构成的互补标准体系，每一个标准都有其特定的功能。此外，多重互补理论的提出，在翻译领域引起了强烈的反响，许多学者对这一理论给予了高度评价。首先在多元互补翻译理论中，学者辜正坤对翻译标准进行了梳理，并将翻译标准升级为多元论，打破了翻译标准长期僵化的局面，促进了翻译标准的与时俱进。最后在多元互补理论中，具体的翻译标准体系是开放的、可以连续的，这对"多重互补"理论本身也进行补充和完善。但是目前该理论的发展依然还面临着诸多问题，需要进一步地解释和澄清。

（三）翻译标准的多元互补与和谐应用策略

1. 秉持多元互补理念，凸显"信"的原则

在翻译标准的多元互补与和谐视域下，翻译要秉持多元互补理念，凸显"信"原则。由于不同读者具有不同的"三观"，不同的视角，因此赏读作品时常会受到自身经验和经历的影响，呈现出差异化的阅读体验或感受。但无论读者或译者如何解读某一文本，或是个人的差异有多明显，他们之间依然会共通之处。其中"预理解结构"是指在翻译时，译者在不受外因干扰前提下，遵循故事事件、发展线索、原著特定参照物的翻译过程，包括语句的形式和风格、修辞逻辑等方面。例如，《老人与海》这部著作，不同的译者对著作细节可能会有不同的侧重和表达，但对原著的情节和脉络必须是一致的，这是评价翻译质量的客观标准。因此翻译的首要原则和理想状态就是尊重原著。

原著就是"纲"，就是"本"，无论是"信、达、雅"抑或"多元论"，都要围绕这一基本原则。另外，翻译不同于创造，并未无中生有的过程，更像是"复制"，即从一种文字或文化载体，复制到另一种文字或文化载体上，用另一种文字或文化等价解读原有文化著作，客观传达原文的信息。这就要求译者不能凭空捏造，不能矫揉造作。虽然对原著绝对忠实和绝对准确很难达到，但困难不能成为译文与原文差距的理由，更不能借此降低翻译追求。当然在"尽力而为"的前提下，也允许译者在实际的翻译活动中对翻译成果存在一定的个体差异。但是如果任由"多样性"自由发展，又会成为译者不思上进、"差不多"思想的保护伞。这些因素不应无一例外地成为确定翻译标准的参考因素，确保译者更好地达到翻译目标。

2. 注重"形似"更注重"神似"

在多元互补与和谐的翻译标准视域下，译者要做好翻译"形似"与"神似"的辩证统一。正如学者辜正冲先生所指出的，不同的译者个体间存在视角、水平和翻译风格的差异，因此会导致多个译本的存在，形成类似"一源多像"的局面。由于译者目的性、审美趣味或读者层次的鲜明个性特征，以及主观随意性，在实践中译者难以把握标准，很容易给人以"标准把握中的虚无感"。不同文学作品具有不同的艺术风格和人物风格，甚至还有作者的个人风格，因此针对不同风格文学作品的翻译标准也应存在一定的区别，以实现对原著"形"和"似"的尊重和表达。译者应多尊重客观事实和规律，多注意传达原文的意义和知识信息的文本输入，即翻译实践的根本目标是实现与原著"形似"与"神似"的辩证统一。

在处理一些非文学文本等具有较强科学性的材料时，译者应注意原著的语义信息情境。既要重其"形"，更要重其"神"。在翻译过程中，要对原著进行适当调整、适度转换或修正，体现出翻译的灵活性。翻译工作是对原著和译者的"主客观"认识的统一，学者辜正冲先生的多元互补理论强调了对这一问题的认识。从立体思维的角度，以及不同人的审美偏好来看，辜先生的"多元互补翻译标准论"为翻译标准提出了有效的依据。

由于文化的多样性，翻译标准也应该是标准的整体化（无数标准）。翻译标准不是虚无主义，而是对虚无主义的追求进行过分限制。因为译者具有主观能动性，读者具有主观思维，译者总是倾向于按照自己的审美标准进行翻译，读者也倾向于综合运用中国传统翻译理论根据自己的审美趣味来欣赏或审视翻译。所以中国自古以来就存在着"直译"与"意译"之争，但这是不同时期的客观存在。一般说来中国传统翻译理论把"忠实"视为"原著本身"，并指出"绝对标准"只是"相对意义上的根本，提倡对原文的忠实"。"信"是指忠实原文的绝对标准。此外翻译标准的多样性和互补性是翻译发展的必要过程，也体现了翻译精神上的相似性。翻译可以包括不同层次的读者，但其基本思想是"宁可信而不随"，即翻译应该具有不同文化中的外来事物。所以译者为了忠实于原著的精神实质，最好对"忠实"进行界定，需要译者达到"和谐而不同"的层面，达到"分离而不分离""互补而不共存"的境界。

3. 采取立体思维，达到最佳近似的目标

在翻译标准的多元互补与和谐视域下，翻译标准要采取立体思维。在翻译活动中，译者经常做出各种各样的选择。不同的人对同一篇文章的看法和理解可以概括为：译者在自我理解的基础上，会按照自己的审美原则进行理论追求。翻译的多种方法，再现了原文的精神实质。事实上互补理论追求的是一种和谐，译者只能在力所能及的范围内尽可能地追求和谐，但动态对等理论对翻译具有重要的指导意义。同时多元互补翻译标准借鉴了中国道家哲学的精髓，不仅以宽容的态度认识到几个标准的同步性，而且认识到翻译是一个功能明确、相互补充的标准体系。这是由于"多元互补的翻译标准"的包容性，即兼容并包、开放性强，在很大程度上包容了不同的翻译标准理论。这是由于每一个作家、翻译家和读者都有着不同于其他人的成长经历，从而能够创造出自己独特的世界观、价值观和人生观。所以他们有自己独特的思想观念，这与其他人不同。

多元互补翻译标准具有高度的弹性张力，涵盖了不同的视角和思维方式，具

有相对性。特别是翻译标准多元互补，也可以是多方面的，如综合与分析的互补，甚至是跨学科的互补等。此外随着计算机翻译技术的飞速发展，译者也要丰富和发展"前人翻译标准"，进行多领域、多学科的结合，满足实际翻译的需求。但是所有的翻译都是以原文为基础的，而翻译的最高标准是最佳近似。其中最佳近似是指译文最理想的逼真度，以模拟原文的内容和形式。译者用"最佳近似"代替"忠实"和"对等"，应该是客观的，目的是更加接近原文。绝对标准的作用只有最高标准（最佳近似）才起作用，而其他标准则会沦为次要标准，但仍然发挥着独特的功能。并且主要标准的存在期限是有限的，有时一些次级标准已升级为主要标准，而原来的主要标准已降为次级标准。在漫长的翻译长河中，多元互补翻译标准理论兼具解决翻译理论问题和实际问题的功能，促使译者以多元化思维，从自觉地欣赏翻译风格的多样性，到系统地实践翻译技术的多样性，为了引导读者培养自己多样化的审美情趣，培养与万物相适应的情操，具备多层次的翻译鉴赏能力，帮助读者根据不同的翻译恰当地吸收有效的信息。而且对于翻译，不要用一个标准来衡量它，从而否定它的价值，而是要用不同的标准从不同的角度、公平地对待译者，从而真正对原著和译者负责。多元的翻译标准思想可以根据不同的翻译标准，来判断译者翻译的价值，从而丰富人们的审美情趣和实践需求。

第三章 翻译的相关理论

经济全球化迅速发展的背景之下，翻译这一活动的重要作用越来越凸显。作为翻译发展的基础，其理论的研究一直是语言学者所重视的课题。世界各国人民正在为构建人类命运共同体而努力，沟通与协作是我们努力的方向，而翻译理论正是保证这种沟通与协作关系持续下去的桥梁之一。本章主要有语义学理论、符号学理论、语用学翻译理论、心理语言学理论、对比语言学理论五部分。

第一节 语义学理论

一、语义学理论概述

语义学是一个研究形式与意义关系问题的理论体系。人们可以通过语义学的方法，去探索有机形态的表现形式与人文情感以及社会文化语境的内在关系，了解不同形式的创造过程与设计的表达过程。这个世界是由符号组成的，符号学与语义学在逻辑上有着紧密的联系，并且语义学属于符号的研究范畴。符号即人类各种设计活动的参与过程与创造结果：所有传达是将符号作为媒介进行的。例如，设计师想要让使用者充分理解并感知有机形态家具的设计内涵，那么就要用通俗易懂的语义为辅助工具，从形式的感知到内涵的感知巧妙地打动使用者。

二、语义的构成

语义包括外延语义与内涵语义。语义的外延意指是它的使用功能，也就是外延语义。但作为一种符号现象，除了外延语义外，还有人们赋予的主观价值，即内涵语义。外延语义主要研究的是符号和指称事物之间的关系。它在文脉中是直接表现的"显在的"关系，即基本的功能性意义。例如，家具是人们物质生产活动中的一种品类，主要目的是为人们的生活所服务，这就是家具的外延语义。这样的外延语义体现在以下三个方面：首先，在具体的使用方式上，不同种类的家具具有不同的使用方式，具体通过家具的形式来表现；其次，在文化价值的表达功能上，构成家具表面形态的构成要素本身就携带着一定的文化内涵，而由构成要素组成的整体的家具必定也传达着某种文化的信息，这个过程使家具成为一种文化信息的载体；最后，在大脑认知的驱动功能上，使用者的感官感知，驱使使用者的大脑形成对该家具的认知意向空间，而形成每个人对该家具不同的认知。内涵语义是一种感性的信息，与有机形态家具的形态所释放出来的信息相关。设计者赋予家具的主观价值，在使用语境中会表现出心理性、文化性的特性。个人的情感联系以及社会文化、社会背景等方面的内容，是其内涵意义。内涵语义相较于外延语义更加具有多样性，更加的具有开放性。

三、语义的分类

（一）功能性语义

功能性语义需要满足人们特定的需求，同时兼顾观赏性，使人在接触和使用过程中产生某种审美联想并引发丰富的精神需求。例如，躺椅必须让靠与坐的结构功能实现有机的一体化，餐椅的功能则需要区分靠与坐功能的科学组合。

（二）指示性语义

指示性语义通常伴随着指示符号，它与其所指向的对象存在一种直接或者邻近的联系，其作用是将人们的注意力转向它所指代的另一个事物，而不是指示符号本身。暗示使用用途的指示符号，具有指示性语义，传递着指示的信息。

（三）象征性语义

象征性语义通常体现在象征符号中，当主观价值被社会上的大多数人所认同时，人们长时间处于这样价值认知的包围下，就会形成社会中的共同意识，进而形成象征符号，产生象征性语义。象征性语义是建立在社会的约定俗成之上，因此意义与形式之间不必要具有形象的相似性或因果关系。象征性语义不仅是在形式上对自然物的模仿与抽象表现，更重要的是在表达一定的观念、思想，表达抽象的寓意与事物的相互关系上具有随意性与约定性，引导人们产生联想并且从中体验到某种情感与价值特征，如心理共鸣、社会、文化的价值特征等。

第二节　符号学理论

一、符号的概念

符号的源头要追溯到人类早期的活动——劳动。在旧石器时代，人们就意识到符号是审美的必要条件。早期的设计活动是通过不同的符号来丰富生活的。从我们祖先早用绳子记录事情到吉祥图腾的运用，都是含有一定秩序的符号标记。当然，每一个符号有着很多的延伸意义，语言符号以及非语言符号并不是完全对立的，它们也有许多相关联的部分。通常来说，设计中的一些元素是一定情感意义的表达，通过一定的设计手法来达到一定的作用和意义。

二、符号的功能和意义

（一）符号的功能

语言学家卡尔·比勒强调，符号的作用是表达某些东西，描述某些东西，传达某些东西。基于此，可以将符号的功能分为以下四种类型：一是符号的指代和表意功能。指代关系是最常见基本关系之一，指代功能是所有通迅的基础。一是符号通信和交流功能。也就是说，需要用符号表示具有某种特性客观物质，这样才能使符号在三维空间里保存和流传。人们在建立通迅和中断通信时，必须以符号作为媒介。也可以说人们要理解事物的某种含义，必须经过符号这个媒介才得以实现；二是符号的自律和指示功能。人们使用符号来指代事物，表达含义，传播信息时，符号也可以调节，控制和限制人们。这是符号的自律性。此外，通过对符号的应用和流传能够指示个人空间的水平、经济状况、主从关系以及受教育的水平等；三是象征性思维和认知功能。思维是意识的一种内部活动，它将人类的大脑与外界联系在一起，并且是一种内部数据处理过程。思维的本质就是在不同符号之间建立关联。如上所述的各种符号功能都是以不同比例混合在人们交流的信息中心。

（二）符号的意义

符号的意义可以分为三个层次：表面意义，深层意义和潜在意义，其来源是符号所在的社会环境或文化背景，即社会的文化概念、心理结构和意识形态。人们通过符号表达自己，诠释世界并进行文化交流和传播。符号化是人们理解世界的方式。换句话说，文化是人们的"生存系统模型"，由不断扩展的各种符号（主要是语言符号）组成。文化的符号是指其外部传播的"扩展"，是思想和一系列源自历史并由人们选择的社会环境达成的共识。这些符号的概念和常态会影响人们的认知、解释和行为。

三、符号学的起源与构成

（一）符号学的起源

符号学最早起源于古希腊，后在中世纪都有所提及并得到发展，但当时的学者只是将语言对象同价值对象、过往对象、意识对象等对比。早在我国的先秦时代庄子在《外物篇》中就说道："言者所以在意，得意而忘言。"到了近现代时期，符号学逐渐跳出了哲学和自然科学的圈子，开始拓展到各个领域并细化，比如，数学、语言学、广告学、美学、建筑学等开始形成理论体系和框架。如今符号学越来越被重视，成为学术界的尖端话题，也为解决各种实际问题提供了方法论的指导。最为著名的理论体系为：瑞士语言学家索绪尔的结构主义符号学理论体系、美国哲学家皮尔斯的三分模式符号学理论体系。

符号学是研究符号的一种理论性学科。从严格意义上讲，符号学是在 20 世纪从法国开始漫向欧洲并风靡全世界的一门理论性学科，它从属于哲学，直到后来跨越国界成为一种学术运动，成为独立的学科，并向其他的学科相互渗透。符号学早先在西方社会并没有得到广泛的传播，直到结构主义兴起，才逐渐发展形成今天的符号学。符号学的思想最先是由瑞士语言学家索绪尔提出的，他确立了符号学的基本理论，被后人称为"符号学之父"。他探究的是符号的本质、符号的发展规律以及符号的深刻含义和影响，还有符号与载体、符号与客体、符号与社会体系的关联。法国哲学家马里坦曾说："没有什么问题像与标识相关的问题那样对人与文明的关联如此复杂和如此根本的了"。实际上符号学的确是复杂的，而且范围比较广泛，它和整个人类世界的文明建设都是紧密相连的，是一门跨学科研究的元科学。在近现代多种流派主义崛起，符号学又与现代主义、结构主义、解构主义连接紧密，对美学和建筑学产生了深远的影响。

（二）符号学的构成

符号学理论是研究事物发展规律的重要方法论，符号学与人类、人类社会和物质生产资料息息相关，符号学在国际上最早出现在古希腊时期的医学领域，在后期的发展过程中逐渐在建筑学、语言学、文化哲学、美学、工业设计，广告传媒等领域应用，因此符号学是特殊的跨学科探索理论，是研究社会人文科学的方法要领和重要方向。符号学的思想基础包括索绪尔符号学理论、皮尔斯的哲学符号学派、莫里斯的实用主义符号学、卡西尔哲学中的符号论意义及苏珊娜·朗格的艺术符号学理论等，符号学作为一种特殊的传达语意手段，将事物的能指和所指以言简意赅的传达方式作为人类与物质生产资料的沟通桥梁和媒介，具有重要的应用价值。

四、符号学的理念

符号学是通过符号的形式探索事物产生的内涵和语意，同时关注事物的发展始终。符号学原理认为一切事物之间都是以符号为产生媒介相互影响的。现代符号学于 20 世纪 50 年代末首先出现在建筑行业，把建筑符号当成一种特殊的设计语言进行语意的传递。20 世纪 70 年代学者开始从语言学的视角对建筑符号深入研究，在研究过程中逐渐深化建筑元素的多重语意，并开始涉及语言学、法学等人文学科的发展。符号作为一种图像化的语言对有价值的事物进行物质文化和精神内涵的传达，并且以可持续发展的理念解释事物的变化规律和内在联系，通过简单的符号传达深刻的语意。符号学作为传递意识的载体具有符号化的思考方式和实用准则，在人们的日常活动中应用广泛。通过探究形的传达和重塑符号价值来研究现有的社会文化现象，是人类信息交流、状态传达、活动规范的重要媒介。符号学的交流方式就有整体性和创造性思维，在设计领域中，通过符号学观念将设计主体赋予审美情趣与意向表达。

符号学在基于结构主义语言学、逻辑学、文化哲学以及美学这四种学术范畴之上，探究人类文化表征里整体系统化符号的理论。当今学者以符号学理论为论述依据，从现代符号学的视野出发，主要通过莫里斯符号学理论的语构学、语用学与语义学的不同层次，探讨以符号学为基础的文化创意产品的语意；用符号学的思维研究人、物、社会环境、地域文化间的共通关系等。

五、符号与符号学

符号是意义的携带者，意义通过符号的表达与人进行信息交换。符号可以用来指代人或者其他事物，人的思维和语言交流离不开符号，它是人类认知活动的手段和途径。在客观物质世界中，没有无意义的符号，也没有不以符号为载体的意义。按照符号的概念进行分类，符号具有以下三个特点。

（一）符号包含能指和所指

符号具有表现层面和意义层面。符号的表现层面就是可以被所指人感知的符号形式，其符号学术语为能指。符号的意义层面是抽象的不可直接感知的，需要通过人的认知经验与外界发生交流后产生意义，其符号学术语为所指。这两个层面相互依存，构成了完整的符号，如图 3-1 所示。

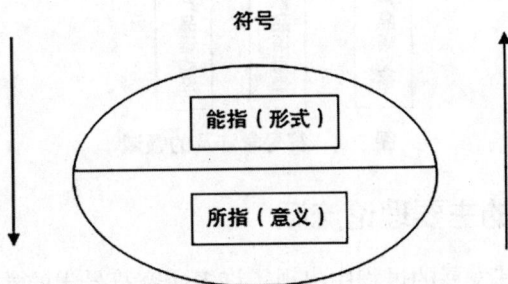

图 3-1 符号能指和所指双面体

（二）符号是人创造的

符号的出现必须基于交流或传达意义。例如，人们创造了交流语言，人们设计了工具来解决生活中的问题并创造舒适感。当事物可以进行有目的的交流时，它才能成为一种符号。人们将符号创造出来，将其用于人与人之间的交流，方便人们的生活。

（三）符号独立于客观世界

符号学所研究的符号一定要独立于客观世界的存在。只有能构成一个完整系统，才能构成一个完全独立于客观世界的虚拟世界，一个符号的世界。从符号概念出发，符号学可以是研究符号作为事物载体的一般学科。它研究符号的本质、符号的发展变化规律、符号的各种意义、各符号之间以及符号与人类多种活动之间的关系。符号学的研究理论核心是对符号识别的研究。简而言之，符号学是通过符号或者符号组的传达，表达符号或符号组的意思和为什么表示这样含义，并且如何使用符号或符号组来做这样的表达的一项研究。其中符号学家莫里斯认为，因为每一门学科都要应用符号，所以符号学可以作为一切科学的工具。所以，符号学是一门元学科，它涉及语言、文化和艺术等领域。如图 3-2 所示。

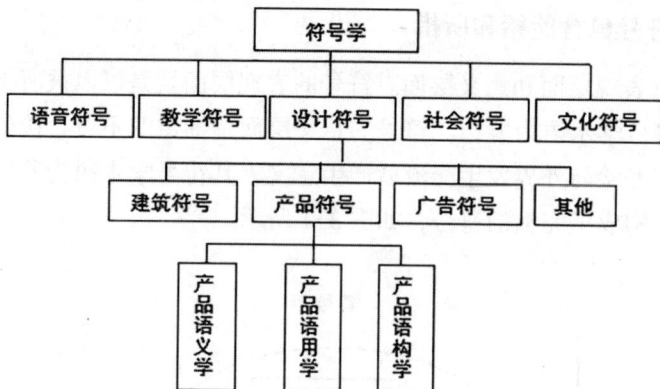

图 3-2　符号学涉及的领域

六、符号学的主要理论流派

现代符号学在其发展的过程中出现了许多研究符号学的学者，而学者主要的研究贡献形成了三大流派：索绪尔符号学理论、皮尔斯符号学理论、莫里斯符号学理论。

（一）索绪尔符号学理论

索绪尔的研究专注于语言字符，在《普通语言学教程》中，他指出语言是一个中心的符号表达系统，每个符号都有两部分构成——能指和所指。能指是物体呈现出的符号的形式，而所指就是符号所传递出来的意义。如图 3-3 所示。索绪尔提出符号学的"二元论"关系很快被学术界所认可，他认为符号的使用可以很容易地解释所有符号现象，同时可以确定某物是否为符号。比如交通信号灯和家里的照明灯都具有能指的形式，但是交通信号灯具有"红灯禁止通行、绿灯可以行驶"的所指意义，因此交通信号灯是符号，家用照明灯不是符号。

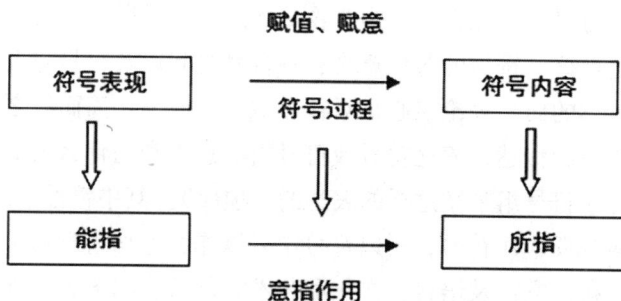

图 3-3　索绪尔符号理论模型和作用过程

现代符号学的诞生离不开索绪尔。作为"符号学之父"的索绪尔为今后符号学的研究和发展提供了理论基础和指导，这对语言学以及各个领域的探索都有划时代的意义。他阐述了"能指"和"所指"两个范畴，对事物间的构成和逻辑关系做了分析，表达了对语言学领域的独特见解。美国语言学家卡勒说："不是所有专家和学者在研究时都沿着历史发展的进程寻找根源，比如索绪尔、弗洛伊德等都没有沿着历史的痕迹进行研究，而是开创了新的范围。"索绪尔的观点为符号学世界开启了新纪元，虽然起初只是应用于语言学领域，但符号学后期的应用实践也遍布各个行业。索绪尔的结构主义符号学继承了康德的先验主义哲学，是以结构主义作为主导的语言符号学，在其著作中，二元对立的思想观念贯穿整个符号学的研究，观点如下。

1. 共时和历时

所谓共时，即在同一时间、同一空间中，某个特定时刻背景下系统内部中各要素之间的规律和联系；所谓历时是针对某一事物的历史性发展变化情况进行研究，包括它的过去、现在和将来。如果把共时和历时放在同一纬度的话，共时是 x 轴研究，而历时是 y 轴研究。共时与历时区别是十分明显的，它们对立又相互依存。

2. 能指和所指

能指与所指是两个范畴。索绪尔认为一个符号是由能指和所指组成的，就像是一个物体的两面，对立且统一。能指是事物呈现出来的外部形式，例如，标志、图画、手势、表情、路牌、英语单词等，但是不管外在形式如何变化，它始终是一种实体物质的存在，是可以看到的。能指是形式因素，而所指是支撑形式的东西，能指的背后便是所指，即符号所被赋予的含义。索绪尔认为"能指与所指的同义才构成符号，反对仅仅将'能指'看作符号"，其意思在于表明人们不能脱离意指关系去讨论符号。这种二元对立的逻辑关系是索绪尔符号学研究的关键。

3. 关系与联想

符号学中的句段关系与联想关联。索绪尔认为，符号学的一切关系都处在横、纵轴的关系之中，句段关系和联想关系也不例外。句段是由两个或者两个以上连续的单位组合而成，它是以长度为支柱的组合，而当这些要素连接在一起，构成了以语言的线条性为基础的关联，就结成了句段关系。索绪尔在论述联想关系时说："在话语之外各个有某种共同点的词会在人们的记忆里联合起来，构成具有各种关系的集合。"

51

（二）皮尔斯符号学理论

皮尔斯基于逻辑，提出了符号的三部分：表示、对象和解释项。符号的表示是指符号的表达形式，对象是设计的客体对象，解释项是该符号传达的符号含义。他认为："符号是对于某人而言在某方面或某一特性上代表某物的某种东西。"任何事物都可以用作符号，某个特定事物可以作为符号，这是由于它与预期的对象有关并对其进行了解释。皮尔斯对符号的分类十分繁琐复杂，但是应用和流传最为广泛的是将符号学分为三个种类：图像符号、象征符号和指示符号，如表3-1所示。

表3-1 皮尔斯的三分符号理论

分类	图像符号	指示符号	象征符号
表现方式	肖像	因果关系	大众制订公约
例证	人和照片、地图和城市	烟和火、闪电和雷声	和平鸽象征和平
应用过程	视觉直接获取	依靠联想	需要学习经验

在这三种类型的符号中，图形符号的含义通常是通过形状获得的，并且对指向的对象有一定的依赖性。指示符号通常与它们所引用的对象具一种相对较弱的联系。象征符号与它所引用的对象之间没有必然的联系。由于象征符号的相对自由，其层次性最深，包含信息最大，所以在三种符号类型中最具"符号性"。

皮尔斯和索绪尔一样在符号学领域有着至关重要的地位，是现代符号学的奠基人，尽管他们的研究角度和方法并不相同，但是他们的研究思想和精神是相同的，皮尔斯在索绪尔符号学理论的基础上发展出了自身的符号学思想。总的来说，皮尔斯的主要学术贡献在于对符号学概念的阐述和符号的分类研究，这两部分是同时进行，相互交织的，并且随着时间的流逝，他对符号学的思想在不断进步，理解在不断升级。皮尔斯认为，符号的形成有三个元素，即符号本体、它所指代的对象、它所要解释的指向。被设计出的符号引出指代对象，指代对象解释符号，符号同时是和指代对象和解释项有一定关系的，反过来解释项是符号的指代对象，它们三个构成一个关联体。对于符号概念的阐述是通往符号学分类的奠基石，而对于符号的分类研究才是皮尔斯终生成就的归宿。在过往的符号学家以"二分法"为基点时，皮尔斯衍生出了"三分法"，并用"三分法"对符号进行分类。鉴于皮尔斯符号学种类数量之多，本文仅对图像符号、指示符号、象征符号三种进行阐述。

1.图像符号

图像符号是根据某一对象的相似来表现的，比如我们在进行人物肖像写生的时候，画像就是一个图像符号，它是对写生人物的写实和模仿。并且通过人物肖像写生，可以呈现出人物的性格、身份等，这都是图像符号传达出的与表征对象相似的东西。相片、图案等都是用了类似的表征目标的方式，都属于图像符号。不单单是存在的事物具有图像符号，虚构的也有，比如鬼魂、黑白无常、阎罗王等的图像符号是通过民间传说去表现虚构的形象，也是与人们脑中的虚构形象有相似性的。图像符号是通过模拟对象来构造的，符号的表示必须与对象相似，比如，画像和人、城市和地图。

2.指示符号

指示符号具有指向意义和因果关系。指向的东西往往是具体的实物，与确定的时空相关联，比如，指示牌和指向标。当我们在逛动物园时，大熊猫的笼子外面会有大熊猫的指示牌，这就是大熊猫的指示符号，让人们了解里面是大熊猫而不是老虎、大象。又比如，指示出口的牌子和各种导航，都属于指示符号。指示符号用于标志某物、预示某物、提示某物的存在，但是它和指代对象没有意义上的承载关系。符号能指与所代表的事物具有因果关系，比如，古时候的烟是火的符号，信号灯与行驶方式等。

3.象征符号

象征符号与指代事物之间没有必然的关系，而是存在一种文化框架下的约定俗成的关系，是一种"人为加上的性质"。比如，我们可以用"佛"保平安，用"福"表示和谐幸福，这是文化积淀下社会约定俗成的契约，没有什么特别的原因。另外，每个民族有每个民族的象征符号，比如藏文、英语、手语、特殊图腾等能够得到社会及团体的认可的符号，都是象征符号。同理，各个领域都充斥着象征符号，大众所熟知的象征符号：百合代表纯洁、燕子代表春天、瓷器和大熊猫代表中国。符号与所指代的事物形成被公认的关系，比如，橄榄枝与和平鸽象征着和平。

（三）莫里斯符号学理论

美国的莫里斯也是著名的符号学家，他在《符号理论基础》中，将符号学分为语构学、语用学和语义学。语构学研究符号和对象之间的关系，不考虑任何社会和学习的经验因素，单纯考虑符号与符号之间的理想化结构关系。以产品设计的角度来说，语构学就是产品造型结构和功能结关系的表达，能从产品外观判断产品的功能和结构。语用学讨论符号的起源、用途、功能以及符号与用户之间的关系。这种关系既包含符号对人的引导功能，又包含人对符号的创造与运用。语义学研究符号与所引用的事物之间的关系。事物对象是符号所表示的客体，所以语义学就是研究符号在一切指标模式中所表示的意义。

莫里斯的符号学理论将符号学应用于产品设计中具有明显的指示作用。这三个要素将产品、工具、使用者和使用环境等元素有机地结合在一起。从符号学的角度分析，产品符号为现代设计提供了一种新的思维方式，这与经济技术的发展和当今社会对产品的多层次需求导致的美学和意识的变化相一致。因此符号学理论在设计中的存在是合理的。

第三节　语用学翻译理论

一、语用翻译理论概述

语用翻译理论作为一种翻译新论，是语用学运用于翻译领域的结果。将语用充实、语用移情及语境顺应等语用学概念运用到翻译中能帮助译者有效解决多种翻译问题。语用充实是指在话语理解和话语生成中对指向不明的因素加以具体化和明示化，消除歧义和模糊点，增加欠缺的语境，明示隐含的逻辑关系。语用移情是指在利用语言交流时对语言的理解要站在对方的角度上。从语境顺应的角度看，语用翻译的本质是跨语言、跨文化交际，即译者要理解和传达原文的隐含意义。

学者陈吉荣建议在翻译转换中应用语用充实来补偿一定程度的、形式上的翻译损失。学者李淑侠提出译者在运用语用移情时，要理解原文风格并进行移情再现以唤起读者的情感共鸣。译者既要认知原文意图，更要重视译文受众的需求判断和情感体验。学者奚晓丹提出语用移情的应用原则：等同原则、合理原则、礼貌原则。学者钟文针对语用顺应的应用做了阐述：译者须针对特定的翻译语境选择一种特定的翻译目的。译者在翻译过程中，对于语言的选择须与语境顺应。

二、语用翻译理论对翻译实践的指导意义

语用学的翻译观可以说是"一种等效翻译理论"。从语用学的角度探讨翻译问题，应该使原作和译作分别达到"语用语言等效"和"社交语用等效"。所谓语用语言等效，学者何自然在《当代语言学》一书中指出，是"在理解原作者的语言信息（包括字、词、句等层次传达的信息）的明示意义和暗含意义的基础上将它们完全复制在译作中"，并且在理解与翻译的过程中，译者对于语言的暗含意义和明示意义的把握都至关重要。在重构过程中，对于还原源语的"明示意义"与"暗含意义"，何自然也给出自己的观点，即"选用适合于译文语言环境的表达再现原作者的真实意图，确保读者对原作者的真实意图的正确理解"。学者格莱斯提出的意义理论，以及利奇提出的有关语用语言学的理论表示，要理解说话人的意图，就必须正确识别与理解语言的基本意义与规约意义。语言系统中的字、词、短语及句子的基本意义和规约意义是理解交际者或者说是作者话语意图的前提和必备基础。所谓社交语用等效，在何自然看来，是指"社会文化层次上的等效"。在这一层次上，译者对于重构过程中的两种语言所代表的文化要有深入的了解。而关于社交语用等效指导下的翻译重构过程，何自然、陈新仁指出，即在翻译之前，译者"需要对译文读者的认知状况和对所涉及的文化现象或意境进行评估……如果此时译文读者对该现象不熟悉，译者可以考虑用译文读者熟悉的现象或意境替换原文的现象、意境，或者省去原文的形象代之以该表达式的含义，如果译者认为译文读者对该现象比较熟悉，或者至少可以通过译作提供的语境理解该现象或意境，那么他就可以采取直译的手段保留该形象或意境"。

任何一位接触翻译的人都会知晓，语言的重构过程不是简单的解码过程，而是跨语言、跨文化的交际过程。作为原文作者的"代言人"，译者需要识别和理解文本的字面意义以及填补其交际意图，并在翻译的过程中，正确评估译文读者文化与认知情况，把原文的信息正确地翻译出来并有效地传达给译文读者。众所周知，在实际翻译中，译者在对字面意义与实际意义进行传达时，会使语言的意义产生一定的差距。而在翻译的重构过程中，这样的意义脱层会给翻译带来大量困难。何自然指出，能在语用语言和社交语用两个层面达到等值效果的译作，就是达到了语用等值效果。这样的译作很好地解决了意义差距与脱层的问题，充分平衡了语言的字面意义和实际意义，真正实现"等值翻译"。

解决一种真正意义上的跨语言、跨文化交际的语用问题，译者需要识别文本

的语言风格以及语用意义，正如吕叔湘先生所说，在任何语言中，一句话的含义绝不是其一个字与一个字的含义之和，而是"1＋1＞2"的概念，其传达的语意总是会多些什么。语用翻译理论强调的是译者不仅需要熟悉所涉及语言的句法与语篇特点，还要熟悉其使用特征与社会文化规范，做到正确理解原文信息意图与交际意图，并将其等值地反映给读者，以便确保读者对原作的真实意图能正确理解。

第四节　心理语言学理论

一、心理语言学

心理语言学是一个新兴的交叉学科，它的研究既要以语言学的相关理论为基础，又要借鉴心理学的研究成果，同时还要参考认知科学带来的不可忽视的新的信息，以便丰富和完善对心理语言学自身的探索和研究。这样一个新兴的学科，它是以语言心理活动的过程、语言习得和语言使用的心理过程以及语言心理活动的物质基础——人脑为研究对象的。在心理语言学诸多理论之中，行为主义论、先天论、相互作用论、输入假设论的主要思想为翻译教学提供了新的视角和见解。

二、心理语言学相关理论

（一）行为主义论

行为主义论认为语言的学习是一个"不断刺激、反复模仿、多次操练，最终形成语言习惯"的过程。这种理论认为，人出生时大脑一片空白是不具备学习语言的能力的，知识的获得有待外部条件的不断刺激去填补空白。因此，学习语言的过程，无非就是在培养一套说话的习惯，而培养说话习惯，不必注重内心行为，只要注重外部环境是如何使个人行为发生改变的即可，即不断刺激、反复模仿、多次操练，最终形成语言习惯。

（二）先天论

先天论认为人与生俱来便有一种"语言习得机制"，只要在后天的学习中多加注意学习方法，便可掌握一门语言。先天论还认为学生一旦接触语言现象，就可以运用这种与生俱来的语言学习能力对语言输入提出假设，以便确定新听到语言的语法结构，再将这种深层结构通过转换规则变为表层结构，而后天学习的过程便是通过恰当的方法来促进的。

（三）相互作用论

相互作用论认为先天论持有的先天的"语言习得机制"的观点和行为主义论持有的后天的"不断刺激、反复模仿、多次操练、最终形成语言习惯"的观点是缺一不可并紧密相连的，只有两者的密切配合才能更好地促进人们的语言学习。相互作用论又称中间论，其观点介于行为主义论和先天论之间，认为语言的学习既与先天的"语言习得机制"有着密不可分的关系，又与后天的不断的"刺激—反应—模仿—强化"的语言学习环境息息相关。相互作用论主张先天的语言机能必须在相应的环境刺激之下才能得到充分的发挥。

（四）输入假设论

输入假设论从语言训练材料的恰当选择、学生学习过程中的情感因素等方面对语言的学习进行了剖析，提供了不可或缺的理论基础，具有重大的参考价值。一切事物的发展都是一个由量变到质变的过程，同样，语言能力的提高也不例外。也就是说，语言能力的提高需要教师向学生提供足够的输入量，进而达到语言质量的显著飞跃。但是，要想让传授给学生的足够输入量真正体现"有量的积累才有质的飞跃"的价值所在，那么，最重要的途径之一便是在学生极小心理障碍情况下（尽量排除阻碍学生学习的不利情感因素）给学生提供充足的输入量。

三、心理语言学相关理论与翻译教学

（一）行为主义论与翻译教学

行为主义论主张"刺激—反应—模仿—强化"的语言学习过程，认为学生是通过他们对周围说话者正确的重复和模仿而接受语言输入的。因此，行为主义论强调语言环境对学生的重要作用。当然，翻译训练环境包括的范围较为广泛，既包括国内、国外的语言环境，又包括课上、课下的翻译训练环境。行为主义论提倡的"刺激—反应—模仿—强化"的训练过程突出强调了"不断刺激、反复模仿、多次操练，最终形成语言习惯"的重要性，为广大教师在翻译训练课上给学生创造良好的语言环境奠定了坚实的理论基础，对广大教师的翻译教学具有一定的指导意义。因此，行为主义论的观点为语言教学过程中语言环境的创造奠定了坚实的理论基础。在实际的教学过程中，教师应当时刻牢记训练环境对训练效果的巨大影响，以行为主义论为基础，寻找能够创造一切可以"刺激学生听力，不断反复强化"的有利环境。

（二）先天论与翻译教学

先天论认为语言的学习不是"刺激—反应—模仿—强化"的过程，而是人与生俱来的一种语言习得机制。教育的目的在于促进学习，强调学生掌握好的学习方法比教师的灌输更为重要。先天论又叫心灵主义论，因强调自然，故又可称为自然论。世事如此纷繁，生活如此丰富，如果按照行为主义论的"刺激—反应—模仿—强化"的规则对人们进行翻译的训练，那么人们每天所表达的各不相同的思想又是怎样用有限的句型反复"刺激—反应—模仿—强化"成功的呢？所以，先天论在语言教学过程中主张以"学生为主，教师为辅"，充分调动学生的积极性，在课堂上引导学生多讲多练，让学生感觉到整个课堂的中心是他们，而不是教师。但是，这种课堂主导角色的转变并不能够一蹴而就，教师应当用课堂上翻译训练的方法让学生感觉到自己作为课堂主人的必要性，而不仅仅是在课堂上向学生一味地灌输"学生为主，教师为辅"的思想。长此以往，这种愉悦的学习方式不仅使学生能够将所学知识牢记于心，更能使其清楚地认识自己在翻译学习过程中的不足，以便更好地培养自己的表达能力与语言组织能力。因此，先天论的思想对翻译教学具有积极的指导意义，同时，学生也能够在教师指引下掌握有效的学习方法，促进自身翻译水平的提高。

（三）相互作用论与翻译教学

相互作用论的观点介于行为主义论和先天论的观点之间，认为翻译训练过程中，教师应当采取适当的训练方法，为学生营造浓厚的适合提高翻译水平的氛围，以便充分发挥学生的主人翁精神，促进翻译水平的提高。具体来说，相互作用论既不排斥行为主义论的观点，也不反对先天论的观点。

（四）输入假设论与翻译教学

第一，在翻译训练过程中，翻译训练材料的筛选尤为重要。翻译材料选择的成败直接影响着学生翻译水平提高的程度。输入假设论强调，理想的输入材料必须具备以下条件：①输入的语言具有可理解性；②内容既有趣又互相关联；③非语法程序安排；④要保证足够的输入量。但是，就目前的翻译训练材料来看，有些翻译材料对于基础阶段的学生来说过难，学生词汇量和应有的基本语法知识不足，很难适应材料。与此同时，有些材料内容毫无新意，观点陈旧，一定程度上影响对学生学习兴趣的培养。长此以往，大量地向学生输入与日常生活脱节的单词，消极地强化缺乏实际价值的文章，必定会使学生产生逆反心理，给学习带来副作用。因此，克拉申的输入假设论为翻译训练材料的选择提供了相应的理论原则及依据。鉴于此，教师可以紧扣克拉申提出的输入假设论的原则——可理解输入进行授课，根据学生的不同情况按难易程度分类，按照循序渐进的原则，利用先进的网络资源，搜集紧跟时代步伐的相关资料，拓宽学生知识面的同时，积极有效地锻炼学生的翻译表达能力。

第二，输入假设论强调输入量的充足是需要前提的，即极小心理障碍下给学生提供充足的输入量。这里的心理障碍指的是：在翻译训练过程中，影响学生翻译水平提高的不利情感因素，即动机不够明确、焦虑程度过高、自信心不足等。首先，动机可分为工具性动机和综合性动机。持工具性动机的学生是为了达到某种目的而把第二语言作为工具来学习，强调学习结果。其次，焦虑是影响翻译训练效果的又一情感因素。焦虑程度相对越高，训练效果越差；反之，焦虑程度相对越低，训练效果越好。但是，人们对焦虑的程度要有一个度地把握，一旦焦虑程度过低，即学生在接受翻译训练的过程中，不存在因回答不上教师的问题而感到紧张、焦虑，想尽办法去弥补知识点的欠缺与不足，这说明学生不具备相应的学习动力，自然也会影响到训练效果。因此，有效调节学生的焦虑程度，应当引起广大教师的重视。最后，自信的重要性不言而喻。在教师大量输入信息过后，必定要有学生对信息的反馈过程，也就是要求学生通过对所输入信息进行加工理解对其做出输出反应。在这个反馈的过程中，有时，学生会因自信心不足而不能够对问题做出理想的回答。显然，自信心越强的学生，害怕心理程度越低，作答效果越好，反之则效果欠佳。

综上所述，输入假设论的思想表明：在翻译训练过程中，教师要帮助学生有效调节影响翻译水平的不利情感因素：动机越强，焦虑程度越低，自信心越足，翻译水平的提高速度才能越快，提高程度才能越高。因此，教师在训练学生翻译时，一方面应当将输入假设论的相关理论介绍给学生；另一方面要在教学实际中贯彻应用输入假设论的主张，不断改善有碍于学生翻译提高的情感因素，提高学生的翻译水平。

（五）心理语言学对翻译教学的启示

一切理论都不是空中楼阁，都要在实际应用中体现其价值所在；一切实践的熟练运用也都离不开扎实的理论基础，都要以相应的理论基础为依据，以理论指导实践，在实际应用中检验相关理论的正确与否。因此，理论与实践两者密不可分，相互依存，相互制约。

1.材料安排合理化

心理语言学相关理论——行为主义论的观点认为：语言的学习要依靠不断"刺激—反应—模仿—强化"的语言环境来完成。从翻译材料的选择方面来说，选择恰当的翻译训练材料有助于学生的学习，就是说，学生经过长时间接触这样影响力较大、含金量较高的翻译材料，自然而然会为他们营造一个有利的学习语言氛围。依据心理语言学相关理论可知，文学作品中翻译语料的运用，互联网上无限资源的采纳，都可以扩大翻译训练材料的选择范围，让学生轻松、快乐、自愿地融入学习语言的良好环境之中，更快地提高翻译水平。

2.材料难易适中化

心理语言学相关理论——输入假设论认为对学生所输入的材料应当在难易程度上稍高于学生的现有知识水平，但是这个分寸教师应当恰当把握，既不能高出太多，也不能过于简单。高出太多，学生难以接受；过于简单，学生看不出任何新意。因此，在翻译训练过程中教师对翻译训练材料的选择既应当让学生感受到对新知识的汲取是容易消化理解的，又不能让学生感觉到教师教授的知识自己已经全盘掌握，没有新的内容可供自己提高。所以，教师在选择翻译训练材料过程中，要以心理语言学相关理论——输入假设论的观点为基本出发点，精心选择翻译训练材料。

3.材料内容趣味化

众所周知，兴趣对于外语学生来说起着非常重要的作用。根据输入假设论与学生情感之间的关系，我们发现，学生的焦虑、紧张的情绪越低，兴趣越高，学习效果越佳，反之，收效甚微。因此，在翻译训练过程中，将学生感兴趣的内容带进课堂，和学生在一个轻松、愉快地语言环境下进行翻译训练不失为一种良好的选择。

第五节　对比语言学理论

一、对比语言学定义

洪堡特指出对比语言学是语言比较研究在深入持久地探讨语言、探讨民族的发展和人类的进步的基础上，发展成为一门独立的、具有自身目标和宗旨的学科。作为一门独立的新兴学科，它应该"具有自身的用途和目的"。学者潘文国、谭慧敏认为，洪堡特的这个定义有两个特点：一是对比语言学与我们今天的"普通语言学"追求的目标是一致的；二是它特别强调语言与民族发展、人类进步的关系。

将语言差异作为一种"自然史的现象"和"人类划分为不同部族的必然结果"进行考察，就必然要"对各种语言的有机体（即语言组织）"进行考察，这就是对比语言学研究的第一个领域。而将语言差异作为"带有理性目的的现象"，作为"各个民族赖以形成的手段"和"造就丰富多样、各具色彩的知识成果的工具"进行考察，就要"对处于进一步完善状态的语言（即语言的发展状态）"进行考察，这构成对比语言学研究的第二个领域。

但是，很显然，对比语言学研究的两个领域，并非简单地指我们今天所熟悉的静态的共时研究和动态的历时研究。因此，"语言的有机体"并不是语言发展的毫无变化的结果，而"处于进一步完善的状态"也有可能对"有机体"产生影响，所以他主张对这两个领域的研究"予以均衡的处理"，并关注语言差异的起因和影响，并考虑语言差异与自然、人类命运和目的的关系。

语言学的研究范围要宽广、对象要烦琐、目标要远大。而就对比语言学本身而言，其研究范围、对象、目标方面也要广得多、多得多、大得多。因为它绝不是仅仅停留在对语言结构的微观对比层面，而是扩大到了十分宏观的层面，乃至于扩大到语言背后和语言之外。

二、对比语言学框架

通过以上论述，我们不难得出这样的结论，对比语言学的研究是"一门独立的、具有自身用途和目的的研究"，本质上就是对比语言学，而洪堡特是对比语言学当之无愧的创始人，他所开创的对比语言学是建立在其整体语言理论的基础之上的，而他的语言世界观正是对比语言学建立的基石。

洪堡特的语言学理论包括他对语言的定义以及他对于语言的民族性、内蕴语言形式和语言相关性原理的论述等。洪堡特的对比语言学是一个包括哲学基础、学科定义、研究领域、研究本体、研究目标、研究方法等各项内容的整体理论框架。借用心理学上的一个术语来描述洪堡特对对比语言学的重大贡献，这个术语叫作"元理论"。所谓元理论就是学科的基础理论，是对学科性质的高度理论概括，是学科的实体理论和研究方法的指导思想和原则。任何一门学科都必须具有元理论的部分，否则就是一个缺乏核心的松散联盟，而不称其为学科。而围绕学科元理论创建所进行的思考可以称为"元思考"，对比语言学也是这样。洪堡特所创建的对比语言学的这个初始框架就是学科的"元理论框架"，而他在创建这一框架的过程中所进行的一系列思考就是关于对比语言学学科的"元思考"，即对这一学科的哲学基础、研究领域、研究本体、研究目标、研究方法和研究价值高度的理论认识，并在此基础上提出学科的定义。经过上文的梳理，一个较为完备的对比语言学的元语言系统和建立在这个系统之上的对比语言学学科框架就清晰地展现在我们面前了。

洪堡特的对比语言学元语言系统已经比较完备，其核心元语言子系统的各个元语言体现出对比语言学的根本特征，即"对比"而不是"比较"的，以"求异"为主但不排斥对语言共性关注的。洪堡特强调"共时"与"历时"研究并重，这与其并不排斥以建构普通语言学和语言类型学为目的的"求同"研究的目标是一致的。在其一般性元语言子系统中也体现出两个特点：第一是洪堡特对比研究的本体并不像现在的对比研究中细化为具体的项目，如"语音""语法""词汇"等元语言，而是更加关注对于"语言""语言背后"和"语言之外"等，诸如，"语言的民族性""内蕴语言形式""语言与语言"等概念；第二，洪堡特在一般研究方法上强调"历史的描述"与"哲学的思考"相结合，强调"横向的研究"与"纵向的研究"并重，这与其对语言对比研究"理论价值"的特别关注是一致的。所有这些都恰恰体现出洪堡特对哲学思考的专注和对理论建设的追求，表明了他所创立的对比语言学的普通语言学性质。

洪堡特的整体语言观是其对比语言学建立的哲学语言学基础，而其中的语言世界观又是对比语言学学科的基石。洪堡特所提出的对比语言学的定义指出，对比语言学必须成为一门独立的学科，有其专门的用途和研究目的，即其用途在于"成功而可靠地揭示语言的特性"，而其目的则在于"阐明各民族的发展和人类的形成"。这充分说明了洪堡特对对比语言学学科独立性的认识。

潘文国先生将洪堡特称为"当之无愧的对比语言学奠基人",而本书觉得可以更进一步认为,洪堡特是"当之无愧的对比语言学的创始人"。他的贡献绝对不仅仅止于对这一学科的哲学思想的奠基,而且还要扩大至他对这一学科包括研究领域和范围、研究目标和方法等各项理论的整体框架的总体设想和规划,更要扩大至他本人在语言对比研究方面的亲身实践。对后来语言的研究乃至心理学、认知科学等学科的研究产生了深刻的影响。

就洪堡特对比语言学研究的本体而言,绝不是仅仅包括语言本身,而是把人类借助语言而达到的种种目的(即语言之于人类的功能)、人类本身的发展以及使用不同语言的各个具体民族都纳入研究的范围,列为研究的对象。仅这一点而言,就比后来的对比语言的研究要广得多。但是,洪堡特的这些研究本体都是以"语言"为核心或枢纽的,并没有脱离语言研究,而是通过对与语言相关的方方面面的研究去考察语言,或者通过研究语言去考察与语言相关的方方面面。

因此可以说,从本体论的角度看,洪堡特的对比语言学,既具有普通语言学的性质,更具有哲学语言学的味道。另外,值得注意的是,在其研究本体的元语言中出现了"语言和语言"。可以断定是洪堡特首次提出了这一区分,这一区分比后来索绪尔的区分早了将近一百年。而且"语言"就是指"内蕴语言形式",而"语言"就应该是内蕴语言形式的外在表现,所谓"语言如何解决由于语言的需要而产生的各种任务"也恰恰是满足"语言"通过"语言"而得到实现的需求,即"内蕴语言形式"转化为声音上的词汇与语法形式的过程。而这一区分恰恰对应了后来乔姆斯基的"语言能力"与"语言表现"这一对概念。与此相一致,"内蕴语言形式"向"词汇语法形式"的转化过程也似乎恰好对应了乔姆斯基的由"深层结构"向"表层结构"转化的过程。

就学科研究的方法而言,洪堡特不像后来的现代语言学家一样一味地强调"纯语言"的研究,或一味地强调对语言做纯"共时"的研究,甚至也不像后来的对比语言学家一样单单强调对语言结构差异的关注,而是提倡对语言进行历史的描述和哲学的思考,提倡横向的研究与纵向的研究相结合,提倡同时关注语言的个性和共性。这些方法与其所规划的研究领域和研究本体是相辅相成的,例如,横向的研究旨在贯通所有语言的同类成分,而纵向的研究则旨在联结不同语言的不同成分。洪堡特的主张是极具方法论意义的,使研究方法成为沟通研究本体和研究目标的桥梁,从而使对比研究具有普通语言学的性质,进而对比研究的价值也得到了最大化。

就学科研究的价值而言，洪堡特并不是将对比研究看作普通语言学研究的简单工具或方法，或者为所谓的语言教学服务。而是将对比研究看作研究人类精神发展的窗口，把对比语言学的理论目标同普通语言学以及哲学语言学融合在一起。因此可以说，洪堡特的对比语言学并不期望任何"实用性"或"应用性"价值。但是，它却一方面为普通语言学和民族语言学的创建提供了"经验性研究"的宝贵资料，另一方面也为它们源源不断地输送着本体论和方法论的营养。毋庸讳言，现代语言类型学的产生和发展不能够否认洪堡特的创始之功，甚至包括现代的认知语言学，可能也要溯源到洪堡特的"语言世界观"和"世界图景"的概念那里去。

既然洪堡特是对比语言学的创始人而不仅仅是奠基人，就需要对"对比语言学是从历史比较语言学中生发出来的"这一观点进行一点补充。对比语言学与历史比较语言学之间的关系比较复杂，可以从两种角度进行界定：第一种角度，是把历史比较法的产生与后来历史比较语言学的问世和发展看作一个连续的过程，将历史比较法看作历史比较语言学产生和发展过程中的一个环节，上述观点就是完全正确和完美的；第二种角度，将历史比较法看作历史比较语言学产生的前提，或孕育历史比较语言学的方法论母体，那么对比语言学是基于对历史比较法的深刻反思、并由历史比较法生发出来的，它就成了与历史比较语言学"一母所生"的兄弟，即两个并列的语言学分支学科。

通过对比语言学学科框架的分析，从对比语言学学科开创伊始，洪堡特就赋予了这一学科以伟大的历史使命，即作为一门独立的、具有自身用途和目的的研究，它所研究的领域和对象并非仅仅限于语言结构层面，而是要通过揭示语言的特性，逐步探讨民族的发展和人类的进步。洪堡特并不像他同时代乃至于后世的大多数语言学家那样株守于语言研究的一隅或单一的研究方法和研究目标，而是开创了一个大气磅礴的研究领域，在这个研究领域之内，所有与语言相关的人文课题都可以研究，所有适合人文科学研究的方法都可以得到综合运用，所有与人类发展和民族进步相关的目标都应该实现。因此，无论在本体论或方法论和价值论等意义上，对比语言学都应该具有更强的生命力。

洪堡特的对比语言学无论在研究本体和研究目标上，都具有深刻的普通语言学意义，而不是隶属于语言学甚至于应用语言学的某一个部分。然而，洪堡特所创立的对比语言学在其后很长一段时间内却没有完全按照他的规划和设想进一步发展，其对比思想没被后人很好地理解和进一步拓展，甚至是在很长时间内并没有被人们所发现。

三、对比语言学的发展趋势

对比语言学元语言系统的演变，即系统中元语言的盈余与变迁，以其自身的实际状况展示出对比语言学在世界范围内历史发展的总趋势。简单地说，就是从"求同"出发，向"求异"发展，最终走向"求和"。

必须指出，这三个"求"字的内容并不在同一个平面上，"求同"和"求异"是对比语言学学科中极具方法论意义的核心概念，处于对比语言学核心元语言子系统的重要位置，显示出学科发展在研究方法改进与创新以及目标取向的变化，往往与"比较"和"对比"以及"历时"和"共时"两对概念交织在一起。从"求同"到"求异"再到"求同与求异"并存、各有所用，是对比语言学核心元语言子系统演变重要的具体表现。而"求和"则是在对比语言学学科性质认识上的统一，是学科框架建构的总目标，展示出对比语言学与普通语言学和哲学语言学在研究宗旨上的一致性；是对比语言学核心元语言系统的演变带动之下"一般性元语言子系统"和"辅助性元语言子系统"的相应变化，并进而投射到对比语言学学科框架中研究本体、研究方法、研究价值三个元语言子系统，以及认识论基础方面概念的变化和演进。而这不在同一个平面上的"同""异"和"和"，恰恰反映出以对比语言学核心元语言子系统为核心的对比语言学元语言系统的演变带动整个学科框架变化的历史过程。

（一）对比语言学发展中语言观的兴替

语言观问题是对比语言学中的核心问题。不同的语言观直接关系到对比语言学的认识论基础，决定着对对比语言学研究的范围和对象、研究方法和研究的价值取向，更决定着对比语言学发展的方向。

所谓语言观，就是对语言及语言问题的整体认识。这种认识在很大程度上决定着语言研究的思想、方法和目标；就我们的研究而言，则决定着对比语言学是否能够作为一个独立的学科产生和发展。

西方对比语言学的创始人洪堡特的对比语言学是建立在语言世界观的认识论基础之上的，因而他的"比较语言研究"（即今天的对比语言学）其实与他一手创立的普通语言学是相通的，目的在于通过两种或多种语言的对比，成功而可靠地揭示语言的特征，阐明各民族的发展和人类的形成。叶斯柏森的语言观其实也是"语言世界观"，他将语言的本质视为"人类的活动"，因而他的《语法哲学》其实是普通语言学，也就是对比语言学。其语言对比研究的目标则是"帮助人们更深刻地理解人类语言和人类思维最内在的本质"。沃尔夫的对比语言学是"萨丕尔—沃尔夫假说"的自然结果,他的语言相关性原理(包括语言相对论和语言决定论)被后人称为"美国版的语言世界观",可见其对比语言学的认识论基础是与洪堡特、叶斯柏森一脉相承的。他的语言对比研究的目标和价值取向是通过"不同语言在语法、逻辑和对经验的一般分析方面的重大区别,研究语言与思维之间的关系"。正是这种"语言世界观"使得对比语言学得以创立和发展。

中国虽然也产生过"普通语言学"的思想和著作,但没有引起学者足够的重视;经过"中国文法革新"的洗礼,中国语言学家才在"普通语言学"的观照之下开始了建构汉语语法体系的积极探索。但是,这里的"普通语言学"观照已经不是洪堡特的"普通语言学",而是索绪尔的现代语言学,即结构主义语言学,将语言视为"自足的封闭系统"。所以,在中国早期的语言对比研究中,传统语法和美国结构主义的影响较大,"对比"在很大程度上只是汉语语法学建设和汉语语法体系建构的工具。20世纪50年代以后,又受到苏联语言学思想的影响,不少学者在研究中将语言视为交际的工具,持所谓的"语言工具观"。多种语言观的交替或并存,对中国语言学和对比语言学研究产生了深刻的影响。因此,严格来讲,汉语语言学研究在早期在各种理论和体系中徘徊。

(二)对比语言学元语言系统演变述要

由研究本体、研究方法和研究价值三个元语言子系统构成的对比语言学元语言系统在不同发展时期的演变,反映了语言学学科发展的历史进程,显示其未来整体发展的趋势,进一步向语言学学科框架或学科体系投射,并通过后者表现出来。

从对比语言学"研究本体元语言子系统"的演变来看,对比语言学经历了一个由小到大、由弱到强的发展历程。研究发现,对比语言学是从历史比较法中脱胎而出的历史比较语言学的"同胞兄弟",说明其前期的研究或产生的基础与历史比较语言学一样,都是对亲属语言之间关系的观察与分析,只是后来走上了一条不同的道路——将研究范围与对象扩展到非亲属语言。按照洪堡特、叶斯柏森和沃尔夫的说法,就是距离遥远、迥然不同的语言。这一点,从他们关于对比语言学的"准定义"或模糊的界定上就比较清楚,而从他们著作中涉及的语言种类来看,就更加一目了然。

对比语言学创立之后,其研究的范围逐渐扩大,研究的对象也越来越多。尽管拉多和皮德的研究分别标志着对比语言学的转向与衰落,但他们却相继建立起各自的研究体系。尤其是拉多，他建立了对比语言学史上第一个完整的理论体系，包括研究本体体系，并将研究的触角延伸至"文化"和"跨文化交际"。尽管谈得不够深入，但具有重要的启发意义。从此之后，西方从哈特曼到哈蒂姆，包括维尔茨皮卡，都无不为丰富对比语言学的研究内容做出贡献。在中国，自许余龙先生建构了第一个对比语言学理论体系之后，刘重德先生又勾画出一个更为宏大的体系；潘文国、刘宓庆先生则提出了对比研究的层面（结构层表达层——认知层）和层级（哲学—理论—应用—实践）交叉，并开放性衍生出一个庞大的对比语言学"立体化"框架体系。

另外，这里稍加提及一个不是对比语言学研究范围的"范围"，即对比语言学产生和发展的"外部因素"，包括地域范围和研究人员的组成。由于这两种因素不属于"元语言系统"，在上面的研究中没有提及。但它们确实是对比语言学发展的一个重要侧面。从地域上讲，对比语言学在欧洲诞生，后来中心转移到美国，再后来又转移到欧洲，之后则扩散到包括澳大利亚和中国在内的世界各地。在中心转移和地域扩散的过程中，对比语言学实际上进行了很好的"自我推销"，使其作为独立学科的地位逐渐确立并不断巩固。从研究人员组成上讲，对比语言学研究从初创时期的"单兵作战"发展到今天的"集团军作战"，使语言对比研究得到普及，在很大程度上促进了该学科的发展。

（三）对比语言学发展的"合"与"和"

尽管中西对比语言学发展的基本历程大体一致，但其起源与发展的动因大不相同。所谓起源与发展的动因，可以用"主动与被动"加以概括。总的来看，西方的对比语言学从创始到现在经历了从主动到被动再到主动的发展历程；而中国的对比语言学却没有这么简单，从创始到现在基本经历了从被动到主动，从主动到被动，再从被动到主动与被动并存，最后再到主动这样一个多次反复的历程。尽管中西对比语言学在创始和发展的初期表现出众多的差异，但经过近 200 年的发展之后，二者在多方面都呈现出了不断融合的趋势。

从发生学的角度来看，西方的对比语言学从历史比较语言学中生发出来，或者进一步讲，与历史比较语言学几乎同时从历史比较法中生发出来，其方法论基础是"求同"。但是从洪堡特创始对比语言学，到叶斯柏森提出"一种新的比较语法"，再到沃尔夫对语言世界观的发展，整个西方对比语言学都是以"求异"为主。尤其是在拉多之后的一段时间内，对比语言学在结构主义语言学理论的指导下以为外语教学服务为唯一宗旨，更是特别强调语言之间的差异。对比语言学发展到 20 世纪 80 年代，其形势为之一变，以寻求语言间差异为手段，以教学或对比语言学理论建构为目的的语言对比研究仍在继续，但是"异中求同"的语言类型学也得到了较快发展，出现了共时研究与历时研究共存、求异与求同并举的局面。因此对比语言学的发展越来越表现出"求和"之态势。

中国对比语言学的发展稍微曲折了一些，中间插入了一个"一边倒"（以词法研究为主），随后又在一段时间几乎完全停滞。但从整体上讲中国对比语言学也经历了一个大致相同的过程。后"追究它们何以有此异同"，同样出现了"求和"的局面。而且，就学科发展的总体而言，"求和"之态对比语言学元语言系统的演变方面表现得尤为明显。甚至可以说，中国的对比语言学已经具备了以汉语为主体的"中国哲学语言学"的雏形。

1. 认识论基础的融合

对比语言学赖以建立和发展的哲学基础趋于融合。随着沃尔夫对比语言学思想的发展及其对世界语言学研究和对比语言学研究的影响逐步加深，中国对比语言学家提出以"语言世界观"为对比研究的哲学基础，并逐步达成共识，从而促进了中国对比语言学的发展与繁荣。

2. 方法论意义的融合

进入 21 世纪之后，中国的语言对比研究表现出方法的多样性，突破了单一的"共时""求异""对比"的局限。历时研究、语言类型学研究也受到越来越多的重视。对比研究的出发点、方向性也逐渐向着多元化发展。对于其他学科，尤其是普通语言学的研究方法，如归纳与研究、描写与解释、定性与定量等，大大丰富了语言对比的研究方法。

3. 本体论意义的融合

由于语言观的变化，中国对比语言学家对对比语言学的学科性进行了深刻的元思考，使得对比语言学的研究范围和研究对象趋于融合。进入 21 世纪之后，中国对比语言学家提出了"三个层次、四个层级、八大领域"的对比语言学理论框架体系。这是一个开放的体系，语言对比研究的任何相关学科和实践活动都能在这个框架之内找到自己合适的位置，并最终指向最高层面的哲学语言学。

4. 价值论意义的融合

对比语言学研究在理论价值和应用价值两方面趋于融合：①对比语言学的理论诉求趋于融合。在普通语言学关照之下，对比语言学不仅仅为普通语言学提供理论支持，而且大有与普通语言学合流之势。同时，对比语言学的理论价值取向催生和促进了民族语言学（即某语言本位的普通语言学，在中国则是汉语语言学）的理论研究和实践发展。②对比语言学在应用价值方面趋于融合语言对比研究的理论成果广泛应用于外语（第二语言）教学、翻译研究、双语词典研究与编纂、跨文化交际等相关领域，不但为这些领域的实践提供指导，也促进了这些领域的理论建设，使其逐渐摆脱了"对比研究理论试验田"的从属地位，向着学科独立的方向发展，从而逐渐形成外语教育学、翻译学、双语词典学、跨文化交际学等与对比语言学密切相关的兄弟学科。而且这些学科的理论研究和实践活动会形成对对比语言学理论建设的"反哺"，进而促进对比语言学的发展。③对比语言学的另一种价值取向——人文价值取向，由中国对比语言学家首次提出，向前照应对比语言学创始阶段洪堡特、沃尔夫等语言学家的语言对比思想，向后观照未来对比语言学的学科发展，并且在这层意义上将对比研究的本体论、方法论和认识论基础统一起来。

5. 人员组成的融合

对比语言学研究的人员组成趋于融合。对比语言学专家、汉语语言学家、外语专家、翻译与教学专家都在各自的领域中从事着程度不同的语言对比研究，并逐渐形成合力，共同为对比语言学的发展和繁荣做出贡献。通过中国当代普通语言学者和对比语言学学者共同努力，语言对比视角下的汉语研究取得了重大的理论突破——"字本位"汉语语言学理论从产生到发展并日益成熟。这一理论成果是语言对比研究中汉语"主体性"或"汉语本位观"的具体体现，也是中国对比语言学对世界对比语言学甚至普通语言学研究的一大理论贡献。它向前照应了中国对比语言学创始的初衷，向后代表着"汉语独特性理论研究"的发展方向，在某种意义上是一种"跨世纪之合"。

第四章　英语教学中的翻译教学

基于我国目前英语翻译教学现状来看，翻译专业的教学模式仍需继续改善，以适应当代社会文化交流程度更高、时效性更强的新特点。本章分别从四个方面对英语翻译教学进行简述包括：翻译教学的起源与发展、翻译教学的问题与思考、翻译教学的内容与原则以及翻译教学创新模式。

第一节　翻译教学的起源与发展

一、翻译教学作为语言教学方法

翻译教学因社会对译员的需求而萌生，译员的出现则与跨语言、跨文化的政治、经济、文化交往密切相关。从某种意义上说，翻译教学的出现晚于翻译实践。据文献记载，中国早在夏商时期就有了对外交往的活动。明、清两代，随着政府与邻邦和海外国家交往日益频繁，口、笔译译员需求增大，专门性的翻译教学机构开始逐渐增多。最为系统且规模庞大的翻译教学活动出现于 1840 年以后。

鸦片战争之后，西方列强入侵，清政府迫于时局，设立大量译员培训学校和外事翻译机构，包括京师同文馆、上海广方言馆、广州广方言馆、湖北自强学堂等。这些机构主要从事外语翻译人才和外事人才的培养。但真正将翻译教学作为独立课程开设，则始于1895年盛宣怀在天津创办的中西学堂。根据该学堂所拟的章程，学生在第二年开始修读"翻译英语课"。1900 年，上海圣约翰书院西学斋备馆不仅开设了翻译课程，而且采用了颜惠庆编撰的《华英翻译捷诀》作为教科书。民国年间辜鸿铭、吴宓、叶公超分别在北京大学、东南大学、西南联大等学校开设"译名"（1914）、"文学翻译"（1922）、"英汉对译"（1938—1939）等课程。与此同时，1920 年前后在上海成立的外国语学社以及 1941 年在延安先后成立的延安大学俄文系和延安俄文大队则主要为中国共产党培养翻译人才。这些大学开设的翻译课程在新中国成立后得到延续，进而奠定了中国现当代翻译教学的基础。真正全国性的、有计划的翻译教学始于新中国成立后。

新中国成立后，为了满足国家与苏联政治交往的需要，中国政府首先颁发了《关于全国俄文教学工作的指示》。这是新中国成立后第一次由政府颁发的关于外语教育的重要文件。该指示规定"俄文专科学校的任务是培养翻译干部"，但是"翻译班一般不设专业课"。随着我国俄语基础教学的逐步建立，高等教育部于 1955 年制订了三年制与四年制教学计划，将"培养俄语译者"作为重要目标之一，而且明确指出要开设包括口译和笔译在内的翻译理论与实践课程，其中俄译汉 94 学时，汉译俄 130 学时。

1964 年前后，中苏关系恶化，我国外交政策发生变化，与其他国家交往成为现实之需。教育部遂颁布《外语教育七年规划纲要》，要求"大力发展外国语学校"，而且明文规定外国语专业学生修读两门外语，其中外国语教学要确保学生"听、说、读、写各方面均应受到严格训练，能比较准确和通顺地口译和笔译一般的政治文件和浅近的文艺作品"。

二、翻译教学作为专业高级课程

当然，翻译教学的寄生状况很快得到改观。改革开放以后，国内开始引进国外技术与资本，外语翻译人才需求急剧增长。翻译教学的重要性得到肯定，包括英语专业在内的外国语教学开始设立翻译专业课程。比如，1984 年《高等学校英语专业高年级教学试行方案》进一步对翻译教学目标、课时安排和教学要求等做出了具体规定。与此同时，国家教委委托高等学校外语专业教材编审委员会起草《高等学校英语专业英语教学大纲》，对翻译教学目标做出分级规定。此大纲在 20 世纪 90 年代初颁布，2000 年前后修订，大体上仍然延续了前一时期将翻译课程作为外语技能构成部分的思路。

20 世纪 80 年代学界对翻译教学重要性的认识，促使国内学者加强翻译教材的建设。这一时期涌现了大批具有代表性的翻译教材。这些教材深受语言学翻译研究范式的影响，注重英汉对比和翻译技巧的讲解，侧重从静态语言分析和浅层次的文化对比层面向学生传授基本的翻译知识。统一教材的出版激发了教师探讨翻译教学方法的热情，部分翻译教师开始意识到翻译理论教学方法，提出了理论先行法、语法翻译法与语言交际法结合、短文翻译教学法、多元译文对比法等。与前一时期相比，翻译教学开始超越句子层面，关注语篇、语境以及语言交际功能等因素对译文的多元化影响，同时开始反思传统翻译教学方法的不足。庄智象撰文批评当时翻译教学重技巧轻理论的状况；范东生更详细地描绘了当时翻译教学面临的窘境"学生是因为对翻译课的教材、教学内容与教学方式的陈旧与单一不满足；教师是因为在教学目的与教学指导思想方面都没有明确的界定，教材滞后于翻译理论和教学理论的发展，在教学模式上难有作为感到苦恼"。这些反思表明，翻译教学研究者已经认识到将翻译能力培养置于外语教学体系可能带来的尴尬与窘境，翻译能力培养目标与外语教学目标之间的不协调，也使得翻译教师在教学过程中无所适从。究其原因，当时无论在理论界还是实践界学者都没有厘清翻译教学与教学翻译间的区别，这种状况的改变直到翻译作为独立专业方向出现后才得到改观。

三、翻译教学作为独立专业方向

与其说 20 世纪 90 年代末期的翻译教学是实践的产物，不如说它是翻译理论研究驱动的结果。从 20 世纪 90 年代中后期到 21 世纪初，国内学界围绕是否存在翻译学，如何建立翻译学，翻译理论与实践的关系等问题展开了激烈的论战，引发了学者对翻译学独立学科地位的关注。1996 年"首届全国口译理论与教学研讨会"的召开引发了学界对翻译教学理论问题的关注。在这方面，加拿大学者让·德利尔的《翻译理论与翻译教学法》可谓功不可没。在这本书中，作者提出了"翻译教学"与"教学翻译"的本质性区别。国内具有影响力的学者纷纷撰文认同并极力鼓吹区分"教学翻译"与"翻译教学"。穆雷更是从学科层面指出，教学翻译属于应用语言学下的外语教学，而翻译教学则属于翻译学下的应用翻译学，前者的目标在于培养外语工作者，而后者的目标则是培养职业译员和双语工作者。此外在实践层面，一些颇具前瞻性的外语类院校已经开始行动。

四、翻译教学作为职业发展方向

伴随着语言服务产业的兴起与发展，语言服务人才的需求也急剧增长。语言服务和语言产业人才的能力构成既不同于外语专业人才，也不同于翻译职业人才，而是呈现出明显的市场性、技术性、协作性和服务性等特征。翻译教学作为最早且最接近语言服务人才培养的形式，也开始逐步转型。一方面现有的翻译教学开始逐步脱离课堂，充分面向市场，侧重根据市场需求规划翻译课程体系，注重学生的职业意识与职业素养、本地化能力、项目管理能力、翻译技术运用能力、技术协作能力的培养；另一方面，以大数据、语料库、人工智能技术等为基础的机器翻译、机辅翻译技术、项目管理等的发展与成熟，使翻译教学更加凸显市场意识，部分院校甚至开始探索向语言服务产业链其他环节拓展的可能性，让政、产、研相互协作并反拨翻译教学课程设置成为常态。在这样的大背景下，有学者呼吁在翻译学博士之外，另设翻译专业博士，进而形成了包括翻译本、硕（专业学位和学术学位）、博（专业学位和学术学位）等不同级别的、完善的翻译教学学科体系。专业学位和学术学位交相为用促进翻译学科发展的同时不断完善语言服务产业链。以下是不同历史时期翻译教学的学科地位及其相应的教学方法和发展状况，其大致内容如表 4-1 所示。

表 4-1　翻译教学课程形态演进阶段性对照表

阶段划分	学科地位与课程形态	课程特点
翻译教学作为语言教学方法	非独立设课 语言能力	1. 翻译融入外语技能课程之中 2. 双语比较为主要训练形式 3. 以外语能力提高为主要目的
翻译教学作为专业高级课程	独立设课 翻译技能	1. 翻译成为高年级专业课程之一 2. 翻译技巧＋少量理论为主要教学内容 3. 技巧讲解＋实践训练＋挑错点评为形式 4. 以专业译员能力提高为目的
翻译教学作为独立专业方向	独立专业 翻译能力	1. 翻译成为独立专业，课程体系更为完善 2. 翻译教学内容涵盖理论、技巧，技术等 3. 翻译教学策略、手段多样化 4. 以专业译员能力提高为目的
翻译教学作为职业发展方向	独立专业 语言服务能力	1. 完善的人才培养与课程体系 2. 教学内容以市场、职业需要为导向 3. 现代信息技术成为常态化教学手段 4. 以职业译员的语言服务能力提高为目的

第二节　翻译教学的问题与思考

随着中国社会经济的不断发展，社会对于学生英语能力的要求不断提高，不仅要求学生掌握教材内容，而且还要求学生具备听、说、读、写、译等综合英语能力。在这之中，英语翻译能力作为大学生步入社会的必备技能之一，应当受到学校、教师及学生自身的充分重视。

但目前，我国大学生的英语翻译能力无法充分满足社会经济发展的要求，学校对学生英语翻译能力不重视、学生未能找到良好的翻译学习方法等问题都制约着学生英语翻译水平的提升。

一、英语翻译教学中存在的问题

（一）翻译教学中的专业建设问题

1. 教材建设

翻译教材在整个翻译教学过程中至关重要。作为教学信息的主要载体，它是体现翻译理论、实施教学计划的主要手段，也是教师组织教学的主要依据和学生学习的主要内容。因此，翻译教材质量的优劣在很大程度上会影响到翻译教学的质量。

一般说来，宽泛意义的翻译教材包括各种教学资料：课本、练习册、音像资料等；而狭窄意义上的教材主要指纸质课本。翻译著作与纸质教材的出版量从20世纪80年代起大幅增长。目前，我国各大出版社以丛书形式出版了许多论著、教材，例如，上海外语教育出版社的"翻译研究丛书""国外翻译研究丛书"；中国对外翻译出版公司的"翻译理论与实务丛书"；外语教学与研究出版社的"当代西方翻译研究泽丛""翻译研究文库"；江西教育出版社的"译论书丛"；青岛出版社的"翻译理论与实践丛书"和湖北教育出版社的"中华翻译研究丛书"等。其中上海外语教育出版社在"新世纪高等院校英语专业本科生系列教材""高等院校英语语言文学专业研究生系列教材"中均有相关翻译教程，涉及英汉翻译、汉英翻译、翻译史、翻译的多视角研究等方面。中国对外翻译出版公司的"翻译理论与实务丛书"中对口译理论与实践、英汉同声传译、词语翻译、金融翻译、工商企业翻译、文学翻译等都有所涉及。"当代西方翻译研究译丛"主要集中了当代的、多视角的、有代表性的翻译理论研究著作，对于我国翻译教学与研究起到了很大的推动作用。

我国现存的翻译教材在一定程度上以某种翻译理论或教学理论为依据。学者张美芳曾经对中华人民共和国成立后到1998年期间的翻译教材进行分析，将其大致分为"词法、句法流派翻译教材""功能流派翻译教材"和"当代译论流派翻译教材"，前两类主要依据威尔金斯的语法或结构性大纲（其语言项目分级排列）和意念大纲（根据语言所表达意念和功能安排教学内容）概念；后一类与翻译的不同理论（如符号学、语义学、语用学、读者反应论等）有关。

譬如，20世纪80年代初学者张培基与相关学者所编写的《英汉翻译教程》和吕瑞昌与相关学者编写的《汉英翻译教程》就有"词法、句法流派教材"的倾向，而陈宏薇的《新实用汉译英教程》体现出社会符号学的翻译观；杨莉藜的《英汉互译教程》体现出语义学分析法在翻译理论中的应用。

从目前出版的教材看，真正适用于"翻译专业"的很少。学者姜秋霞、曹进也指出，目前我国翻译教材缺乏翻译技能的层级性内容，缺乏翻译学科的综合性结构，呈现出知识老化，题材、体裁单一，缺乏真实语境，缺乏翻译的文化交流的特性。相关的调查研究也印证了这些看法。早在20世纪末，穆雷就在调查中发现翻译教师反映翻译课教材不统一，内容比较陈旧，例子比较单一，过于学院式。学者杨柳也提到九成以上的被调查者认为目前缺少反映新时代要求、理论与实际相结合、形式新颖的先进教材是翻译教学实践中的主要问题。学者张美芳对我国翻译教材的调查结果表明，11.1%的人认为现有教材练习形式单一；练习缺乏合理搭配；练习不够；译例和练习取材不广。新设本科翻译专业的教材建设，更应该与培养目标、课程设置等密切衔接。因为目标、专业、课程性质、学时等的不同必然会影响教材编写的侧重点、教材内容的涵盖面、教材的形式等。

总之，目前部分翻译教材内容不够系统科学，理论与实践部分匹配不当，或者将相关理论进行罗列，或者将例证进行堆砌，译文和体例不够规范。教材中练习选择过于随意、形式单调、难度等级不清晰、不系统、缺乏人文内涵。特别是有的练习有明显的人工加工痕迹，过分局限于句子、词语的翻译，缺乏真实语境，相关理论解析不足。这些问题与教材编写者急于求成、教材撰写周期短等有关系。

上述主要为纸质翻译教材所存在的问题，没有涉及翻译网站、电子翻译材料、音像资料等。之所以如此，主要考虑受教学手段、教学设备等限制，在课堂教学中纸质教材应用较多，电子翻译教学材料相对较少。杨承淑指出，随着多媒体时代的来临，人机共存和语言与符码并行的翻译形态对教学材料的概念将有很大影响。而我国翻译教材还多局限于纸质材料，翻译形式比较单一，质量尚需提高。广东外语外贸大学语言学与应用语言学研究所、英语教育学院、信息科学技术学院高级翻译学院和电化教学中心已经共同研制了电子口译教材，该教材具有播放多媒体、电子课本、备课、选课和储存材料等多种功能，这的确令人深受鼓舞。事实上，只有切实丰富教学资源，编写出适合翻译专业课程教学的教材，才有利于翻译专业学生语言知识能力和翻译知识技能的整体提升。

2. 教学方法和手段

英语教学存在教学思路、方法、技巧之别。其中，教学思路为关于语言本质和语言学习的不同学说，方法为不同的语言教学方法（教学法），教学技巧为不同教学法所采用的各种课堂活动。这里要讨论的主要是翻译方法和手段（手段在一定程度上体现出教学技巧）层面的内容。随着翻译学科的发展，学者有必要在总结经验的基础上，剖析现状，尝试探索符合认知规律的翻译教学方法和策略。本书运用文献分析、访谈和观察等方法，发现目前我国翻译教学在教学方法和手段方面存在以下问题。

第一，翻译教学方法、手段单一，理念需要更新。虽然基础教育、大学外语教学和英语专业教学都强调人本主义、建构主义、认知主义、交际教学、任务型教学等理念，但这些理念在翻译教学中的贯彻不够深入。在翻译教学实践中，教师强调课堂教学对课外实践活动关注不够。课堂教学主要是以教师讲解、学生练习的形式。一般说来，以一本教程为纲，以自选理论材料或翻译练习为辅，在课堂上或者讲授翻译技巧，或者组织学生进行口、笔译等活动，或者讲评作业这一教学方式在翻译专业基础课程（如英汉互译入门、口译实践等）中尤为常见。可以说，这样的翻译教学活动相对单调，形式远不够丰富，而且需要教师花费大量时间备课、改作业等，费尽心力但效果不佳，可谓事倍而功半。姜秋霞、曹进指出，我国翻译专业建设中尚存在教学手段陈旧、单一的问题，现有翻译课（尤其是笔译）的教学主要以教师为中心，以阅读与讲解为主体，以文学教材和黑板为主要媒介，缺乏新的教学理念与教学方法。这与香港浸会大学的翻译教学模式有很大的差异。香港浸会大学的翻译教学突出"以学生为中心"的理念，注重学校学习和校外实习的有机结合。学生在前两年学习理论和技巧，第三年到校外进行全职实习，第四年再回到大学学习翻译理论和翻译批评。而且该校还采取"翻译工作坊"的形式，让学生通过翻译外来的工作进行翻译实战训练；同时定期举行翻译论坛，邀请各校翻译学博士生及其导师参加。这样就丰富了教学内容与形式，提高了教学质量与效果。

第二，翻译教学与现代多媒体教育技术结合不足，教学手段相对较少。多媒体、网络环境的发展为营造良好的教学氛围创设了有利条件，提供了更大的选择空间，但在实际教学中，这些设备或资源并未发挥出应有的作用。杨柳通过调查发现，翻译教学手段仍显落后，虽有 42% 的人表示在教学中引入了磁带、录像带、VCD 或多媒体教室，但仍有 58% 的人回答从未使用过电教设备。事实上，诸多教师即便使用多媒体，也仅局限于将其作为"电子黑板"来呈现教学内容。信息呈现方式的单调往往会出现教师喋喋不休、学生昏昏欲睡的现象。这样直接影响了多媒体和网络教学的效果，既没有充分利用多媒体集音像、文本于一体的特性，也不能充分发挥网络资源库、超媒体链接等网络海量资源的优势。目前，已经有学者意识到这一点，正在尝试将语料库研究与翻译教学相结合。2005年批准的国家社会科学基金语言学（翻译学）的项目中，学者王克非主持的"基于大型英汉对应语料库的翻译研究与翻译教学平台"这一课题，旨在运用语料库建构翻译教学与研究平台，促进翻译教学发展。而且，有的高校已经尝试开发电子翻译教材，以充分发挥多媒体的视觉和互动优势，活跃课堂气氛，提高学生适应实际翻译的能力。

第三，翻译教学缺乏创新、缺乏互动，课堂气氛不够活跃，教学效果不尽如人意。众所周知，翻译是一门实践性很强的学科，因此教师充分考虑学生的个体差异，设计丰富多样的教学活动有助于激发学生的兴趣和热情，使他们在"做中学""练中学""译中学"。但事实上，由于传统教学以教师为中心，以讲授为主，并且是周而复始的练习讲解，缺少应有的讨论和归纳、总结及提升，没有运用交际教学法、任务教学法等理念，也没有采用多维信息输入、任务探究、互动合作等教学策略，使学生在课上很少有机会在大量实际操练中进行独立思考或者合作交流。尤其是在大班授课时，学生锻炼的机会更少。本书在对某高校翻译专业硕士生的访谈中也发现了这一问题。他们反映，只要是翻译理论课，学生大部分时间在听课、做笔记，进行讨论的机会较少。即便有机会讨论，往往也是教师将他们分成小组，组织他们就某些翻译疑点、难点等进行讨论，然后由教师予以讲解。而由于讨论时间有限，学生之间互动不足，讨论往往难于达成共识或有新的突破，常常是不了了之。教师一般不参与小组讨论，不能及时了解学生的反馈并给予适时指导。而且，学生在专业水平、翻译技能、性格、兴趣、学习动机、认知风格等方面存在差异，如果教师不能充分考虑这些因素，往往使他们对学习任务不感兴趣，其学习积极性不能充分调动起来。

以上阐述了翻译教学方法和手段存在的一些问题。鉴于翻译教学方法和手段包容广泛，上述内容远不够全面，但在一定程度上反映了真实教学情况。教师如果在翻译教学中能够明确教学目标，恰当设置翻译课程，更新教学理念，明确翻译教学原则、方法和技巧，对于提升翻译教学的质量和建设翻译专业将不无裨益。

3. 教学评估方式

评估是教学中的重要环节。《朗文语言教学及应用语言学辞典》中对评估的界定是：根据系统收集的资料评定质量的高低。评估运用定量（如测验）和定性（如观察、定级）以及价值判断等方法。在翻译教学中，评估包括课程、教师、学生、教材等几个方面；换言之，也就是评价课程本身（如教学目标、计划等）、教师（如教学态度、教学质量等）、学生（如学业成绩、学习优势及劣势等）、教材（如内容、形式、编排、功能）等方面。

但一般说来，人们提到教学评估时往往指对课程和学生的评价。穆雷、郑敏慧指出，翻译教学的测试与评估主要包括对学生翻译能力的评估、对学生翻译过程的评估、对翻译课程效果的评估、对翻译课程设置的评估。由此可见，前两者主要针对学生的翻译能力和翻译过程；后两者主要针对翻译课程的设置和效果。

如果借用教育学中对形成性评估和终结性评估的分界，就会发现在翻译教学过程中人们多使用终结性评估，很少运用形成性评估。如果借用语言测试中学业成绩测试（衡量一个人在某一特定课程或教学计划中所学语言已达到何种程度的测试）、水平测试（衡量学生语言掌握程度的测试，只评估其整体水平而不与特定教程和教学大纲相联系）、诊断性测试（旨在发现学生对不同方面的知识是否掌握的测试）等分类就会发现，在某门翻译课程的教学过程中，人们大多只通过期末成绩的测试对学生的学业成绩进行评估，几乎很少进行水平测试、诊断性测试等，而且也很少对整个课程进行客观科学的反思与评估。在英语专业翻译课教学过程中，教师每天忙于备课、批改作业或者进行相关翻译研究，很少有时间尝试探索将各种评估方式相结合，尤其是将形成性评估和终结性评估相结合。学生对知识和技能的掌握程度往往由一纸试卷决定，这样就很难保证其评估的客观公正性。

目前，除了学校的翻译教学测试外，还有各种翻译资格考试来评估学生的语言知识和能力以及翻译知识与能力。例如，"全国外语翻译证书考试"（包括一级口笔译、二级口笔译、三级口笔译），"北京外国语大学英语翻译资格证书考试"（包括初、中、高级笔译和口译），"上海外语口译证书考试"（如中级口译、高级口译）等。这些测试的效度和信度已经得到一定范围的认可，而相应资格证书的"含金量"在逐步扩大，但也有一些考生反映不同地域的等级证书存在难易程度和层次等差异，因此，如何使相应考试程序及试题类型更加客观科学值得学界深入探讨。

总之，如何在翻译专业教学中保证测试和评估的客观公正性，如何提高翻译资格证书的效度和信度，值得学者深入探索。尤其是不同课型与评估的具体方式、试题的具体题型等问题，都需要在翻译教学实践中结合测试理论进行研究，以切实发挥测试的反拨作用，提升教学效果。

（二）学生英语翻译学习中存在的问题

1. 学生的翻译水平低

学生的英语语言综合能力与英语翻译质量密切相关。随着翻译在不同行业的广泛应用，各行各业对学生英语水平提出了更高的要求。但是目前部分大学生的英语基础薄弱、词汇量存储少、翻译过程机械生硬，无修饰地直接将英语直译成汉语，对文章和句子表达的语境和场景把控不足，使得译文失去原意。从高校英语翻译教学角度来说，英语文化价值导向偏失、自主思维短缺等现象普遍存在。

随着科技水平不断提高，快捷方便的英语翻译软件被大量开发，成为学生进行英语翻译的必备手段。如果过度依赖翻译软件，将会影响学生的英语翻译水平，也不利于学生跨文化意识培养的有效开展。

2. 学生的汉语水平低

学生汉语学习能力的差异会对其翻译学习有所影响。即便一些学生的英语水平较高，并且能很好地理解原文，但是他们的汉语水平不高，也翻译不好文章。而且英语水平较高的同学，他们的汉语水平受到了英语的干扰，可能会使译文不符合汉语规范，读起来既不是地道的英语，也不是地道的汉语，进而使得翻译教学难度增大。

3. 学生跨文化水平低

学生对中西方文化差异及英语翻译学习方法了解不够深入。中西方文化之间有着较大的不同，双方不仅存在着历史文化的不同，而且在交流和表达习惯上也有着根本的不同。所以，学生在英语翻译学习时，应当有意识地拓展自己涉猎知识的广度和深度，让自己掌握中西方文化之间的不同。

4. 学生英语基础和学习态度较差

高校英语翻译教学不同于其他学科的教学。教师在高校英语翻译教学上应该更侧重实际能力的培养和应用，在良好的英语基础的前提之下，进一步对学生的实践能力进行培养和教导。

由于高校学生招生宽进严出，学生入学时的英语水平参差不齐。高考英语水平低的学生的英语基础知识比较薄弱，语法更是欠缺，词汇的掌握也十分不到位，加之受到外来语种的抵触学习心理的影响，很多学生对英汉翻译的学习没有兴趣而言。所以，这就导致了高校学生的英语翻译教学存在一定的难度，如果学生的起点比较低的话，其对于翻译技巧的学习就更加困难了。受传统教育的影响，我国高等教育过分突显学科体系的独立和完备，放松了对英语基础的加强，忽略了思维差异的教学，所以影响了学生英语能力的提升。

除此之外，英语与汉语之间存在很大的语言背景和历史文化差异，从而导致两者之间的语言系统完全不同，在很大程度上影响了英语与汉语之间的语义切换。通常而言，由于一些高校是由原始的技校发展而来的，虽然近几年在教育规模和形式上有很大的改变，但是，很多学生仍然存在先入为主的思想观念，认为这类高校的教育不是正规大学的教育，对英语翻译教学也就产生了一种抵触心理。这种对高校的定位导致了学生对于英语科目学习的忽视，在学习态度上就落后于其他院校的学生。

（三）教师英语翻译教学过程中存在的问题

1.跨文化教学欠缺

目前，国内大部分英语教师在开展教学实践活动时，更侧重翻译技巧的教学，不太注重培养学生的跨文化意识。从认知语言学翻译观视角看，翻译人员在开展英语翻译活动时不可任性翻译、随意发挥，应寻找动态性的语言平衡。在翻译活动当中，翻译人员会接触到各类型的文化，在对原文中的西方文化进行理解、体验时，不应从本土文化视角入手，而应从文章背景的文化角度对原文语义、中心思想进行感知体验，实现翻译平衡。比如"It is raining cats and dogs"，若简单从语义、从本土文化视角对其进行翻译会严重偏离原本意思，正确的含义应为"瓢泼大雨"。如果学生具有跨文化意识，在翻译上述类型的语句时，便能够从西方文化角度体验原文含义，认知原文的文化背景，实现翻译工作的多重互动表达，可以确保读者透过译文更深入地了解原文语意、中心思想。

2.过于注重理论教学

现阶段，国内绝大多数高校在开展英语翻译教学实践活动时，更注重理论教学。在具体的教学实践活动当中，教师向学生提供传统节日、历史、文化、教育、科技、经济等领域的英语原文，并从经典文章中抽取部分段落、篇幅。高校学生需要根据教师的要求，在课堂上或课后的规定期限内对文章进行翻译，并比对教师给定的参考译文进行预习、复习。在英语翻译课堂上，教师对英语原文进行逐字逐句的讲解，批改学生的翻译作业，并针对学生的翻译共性错误进行评价。该种教学模式使得教师将教学活动的侧重点放在了训练学生的语言能力、语言技巧方面，过于注重学生的语义转换能力，并未深入培养学生的认知能力。在翻译教学实践活动中，过于重视语法教学，忽视了其背后的翻译文化，这也导致高校学生无法充分掌握了解翻译信息的提取、理解、转化工序，只是不断简单重复地训练自身的语言翻译技巧。一旦学生面对长篇英语文章或需要较多翻译技巧的英语段落时，便很难顺利地完成翻译工作，只能简单地对照语言体系进行表层翻译，无法深刻地表达文章内涵与逻辑。

3. 课程意识缺乏

目前，大部分翻译专业教师在授课过程中具备教学意识，但缺乏课程意识。许多教师把教科书上的知识点当成主要甚至是唯一的教学对象，教学视野狭窄。翻译专业教师应该与时俱进，丰富课程资源，不断对课内外知识进行拓展、深化、补充和超越。

4. 实战经验缺乏

一个好的教师团队在英语翻译教学中具有十分重要的作用，只有教师良好的教学引导加之技巧的教学搭配才能使教学收到良好的效果。然而，目前我国高校教师团队也存在一定的问题，不利于英语翻译教学的进展。现阶段，我国大多数的高校中英语翻译课教师来自英语专业，他们通常掌握较为扎实的普通英汉翻译的理论知识，却对英汉翻译的实战缺乏一定的专业性学习，对专业性较强的翻译也会出现翻译不准确的现象，没有专门的实践学习，靠仅有的知识生硬地翻译，更不能有效地指导学生。教师教得困难，学生学习更是难上加难。所以，作为传授知识的英语教师必须不断学习，提高自己的差异理论认识，将这些理论运用到教学中去影响和改变学生的思维。

5. 翻译教学师资队伍建设薄弱

英语翻译教学的教师队伍还不够完善，其中还有一部分是以语言学、文学等为研究方向转向翻译教学的教师。翻译是一门实践性很强且对综合能力要求很高的课程，不仅要求教师具备高水平的英语综合能力，而且也必须具备扎实的汉语基础。这些教师在翻译理论素养和翻译实践经验方面有所欠缺。因此，现有的一些从事英语翻译教学的教师的业务能力可能不足以应对翻译教学的要求。

6. 翻译教学经验不足

目前，许多大学的翻译教师大多都是语言学和英美文学这两个研究方向的教师，具有丰富的英语语言和文化知识，但在翻译理论和技能方面有待提升。另外，尽管一部分翻译教师是翻译专业出身，但一毕业就进入大学任教，相对缺乏翻译实践经验和教学经验，无法应对教学环节中出现的突发情况，因此部分高校的英语翻译课堂教学无法满足学生对翻译实践指导的需求。

7. 翻译教学的认知程度较低

在一些教师看来，只要使学生掌握大量的词汇和语法知识，就能够提升他们的英语应用能力，包括翻译能力和跨文化交际能力等。于是在教学期间，教师只讲解词汇和语法知识，再让学生做一些翻译练习来巩固这些知识，最后对学生的错误之处进行纠正，而对于翻译理论知识，却很少讲授。这便导致学生缺乏翻译理论知识与翻译技巧，其翻译能力也很难提高。

8. 缺乏完整的授课与教学体系

翻译课程是学生的必修课程之一，学校及教师需要制定相应的教学大纲及教学计划。高校应当对英语教师的教学能力、教学水平以及翻译教学想要达到的效果制定相应标准，但由于各高校对于英语翻译教学的认识不同，对翻译教学的要求也各不相同，部分高校甚至没有完整的、体系化的教学标准。体系不健全自然也就无法从根本上促进大学生英语翻译能力的提高。

（四）线上翻译教学存在的问题

随着信息技术的日趋成熟，打造网络精品课程已成为国内众多高校的必要任务。在具有影响力的有 20 家左右在线课程开放平台上，可追溯的课程达 40 门（其中包括非英语翻译），比较出名的有中国大学的 MOOC、学堂在线、智慧树、网易云课堂、网易公开课、超星尔雅、华文慕课、中国高校外语慕课平台、腾讯课堂、多贝网、学银在线、百度传课等。我国翻译在线开放课程的建设取得了一定的成绩，多门课程上线并投入使用，为在线教学提供了课程保障，顺应了大数据时代教学网络化、数字化的趋势，推动了翻译课程的教学模式改革，发挥了线上打造翻译"金课"的引领作用。但从教育部提出的"高阶性、创造性、挑战度"的标准来看，线上翻译课程还存在以下问题：①课程建设数量和认定课程较少；②参与人数初见规模，但课程影响力不平衡；③课程内容比较全面，非英语类课程较少；④上线平台分布不均匀；⑤开课高校中"双一流"高校较少；⑥课程所在省份分布不均；⑦部分课程重建设应用。

二、英语翻译教学问题的应对思考

（一）优化升级教学内容

1. 丰富英语翻译课堂内容

翻译课堂本应该是教师和学生互动的工作坊，翻译教学应当采用教学相长的互动模式，但现如今许多翻译课堂却是教师自问自答自演的舞台，其中一大原因就是课堂教材选择的不合理。翻译活动应该是作者和译者之间的思想交流，教师必须打破以教材原文为纲的固定模式，以"工作坊"和"头脑风暴法"开展教学活动，培养学生对翻译的兴趣和责任感，提高学生学习的主动性。

同时教师应该积极引进新鲜案例，激发学生的翻译兴趣，把教材中的文学文本案例与应用文体相结合，丰富课堂内容，突出翻译的实用性。新时代背景下，网络技术和各种在线平台发展十分迅速，已经被广泛应用于社会各个领域。因此，在翻译实践中教师应积极引用和整合网络资源，借助网络资源打造更加科学丰富又与时俱进的教学内容，同时注重提高学生对计算机的应用能力。运用计算机应用辅助翻译也是当今工作的需求，是学生进入企业工作的重要技能。

作为翻译研究和教学领域的一个重要工具，语料库在翻译实践中也有很大的优势。语料库的检索和统计功能可以为翻译实践和教学提供真实的语料，实现译文和译者风格的量化，直观呈现译文和译者的风格。在当前强调以学生为中心和交际翻译教学模式下，这一工具应当被积极应用于当前英语翻译教学中。

2. 优化教学大纲，完善教学内容

高校英语翻译教学应与时俱进，响应国家政策，丰富教学内容，推进教学的优化与创新。针对当前英语翻译教学内容新颖性不足的问题，高校需要将多元化的英语翻译信息内容融入其中，丰富英语翻译教育体系。

首先，高校应重视英语文化信息的融入，以文化信息内容拓宽英语翻译教学的广度。在英语翻译教学的实施中不仅重视大学生英语翻译技能的教育，更重视大学生英语翻译文化信息的传递，使大学生在知晓各个国家文化的同时，进行英语翻译，培养大学生跨文化思维能力，从而达到英语翻译的实效性。

其次，重视英语翻译教学与听、说、读、写教学的融合，丰富英语翻译教学

的内容形式。例如，英语翻译教学与英语听、说、读、写融合，以听、说、读、写的进一步训练，提升大学生英语技能，促进大学生进行英语文本的翻译，助力于大学生英语核心素养的培养。

最后，英语翻译教学的开展，立足于时代发展趋势，融入社会主义核心价值，培养大学生良好的品质。

3. 翻译教学选材既要全面又要兼具审美性

翻译教材既要包括文学翻译，又要涉及政治、经济、法律、科技、文化等各个领域的非文学翻译。在所选译例的难易程度上，应该考虑到学生的理解程度和掌握程度，译例的选择应该紧扣教学大纲中有关翻译课教学的培养目标，难易程度应与学生所参加的相关考试大体上保持一致。教学内容不能实行"一刀切"，高校要结合各个专业的特色和需要，加强翻译教学与专业的契合度，培养具有较高翻译水平的专业人才。

并且，在国际化教育背景下，高校应多为学生创造双语或者全英的语言环境，尤其是国际贸易、金融、工商管理等专业的学生，语言环境对于学生双语转化能力的提升有着重要的作用。同时，教师要及时更新陈旧老化的翻译教材和内容，在教学进度允许的情况下可适当补充一些和当下热点相关的翻译内容，完善教材的审美性，激发学生的学习兴趣。在国际化的大背景下，教育肩负着传播中国特色文化的重任，在选择翻译教材时，既要考虑教材的全面性，又要兼顾教材的审美性，激发学生的阅读兴趣。

（二）树立新的英语翻译教学观念

高校在英语学科教学实施中，重视英语翻译教学的实施，并且按照教育主体者的需要，帮助教育主体者树立正确的英语翻译教学观念，推进英语翻译教学在高校英语学科教学中的有效性开展。高校英语教育的实施主体为教师与大学生，在此背景下，教师为教育实施者，而大学生是教育的学生。高校须对师生加强引领，使师生能够意识到英语翻译教学开展的重要性，以科学化的英语翻译教学观念，实现英语翻译教学开展，提升英语翻译教学质量。

针对教师而言，需要在高校英语学科教学开展中，关注英语翻译教学的实施，以新的英语翻译教学观念，设计英语翻译教学体系，并且推进英语翻译教学与其他教学环节融合，包含英语听力教学、英语口语教学等。同时，在英语翻译教学开展中，教师要认知到当前英语教学存在的不足，从而优化英语翻译教学。

针对大学生而言，需要在教师的引领下，树立正确的英语翻译学习观念，应认知到英语翻译教学对自身听、说、读、写能力提升的重要性。同时，大学生在课余时间应加强英语翻译教学的研习、讨论，根据市场发展需要，实现英语文本翻译的多元化模式，提升自身英语翻译能力。

（三）创新英语翻译教学模式

传统的课堂教学一直以来都以教师为中心，学生只能被动接受知识。这导致课堂氛围沉闷，影响学生的英语学习兴趣，使课堂教学质量难以得到提升。为此，高校应当对传统课堂教学模式进行创新，提升学生在课堂教学中的主体地位，而教师则作为引导者，改善课堂教学氛围，激发学生的英语学习热情，使学生主动参与英语翻译教学。在课堂教学中，教师应积极引导学生自主参与教学实践，加强师生间的交流，以形成良好的互动模式。改革后的课堂教学模式能够使学生真正成为课堂教学的主体，而只有学生积极参与英语翻译教学实践，才能够有效提升课堂教学质量。

首先，英语课堂学习中应以学生为主体，想要创新英语翻译教学模式，就必须确保学生学习的观点和态度是正确的。但是无论是学生还是教师都容易出现急功近利的心理，若是遇到挫折，很容易灰心。这种情况下，教师进行英语翻译教学的时候，不但需要传授知识给学生，而且还需要帮助学生系统全面地掌握学习的态度和方法。比如，在教学的时候，教师应该给学生更多独立分析和思考的机会，将学生主观能动性激发出来，而不是一味地向学生灌输知识；在学生遇到问题时，教师也应该对其进行引导，而不是直接将答案给学生。只有这样学生才可能养成正确的学习观念，能够较为独立地做好英语翻译，使英语教学效果才能够真正地提高。教师可以在课上采用翻译比赛、学生展示等形式激发学生的学习兴趣，提高学生的学习积极性，不断提升课堂的教学效果。

其次，教师在课堂上要多和学生进行互动交流。教师可以让学生进行随堂翻译练习，然后师生一起进行讨论。在讨论过程中，教师要多鼓励学生说出自己的想法，并及时给予信息反馈。学生在轻松活泼的课堂氛围中学习，有利于加深其对知识点的理解，提高其学习的有效性。

最后，教师要充分利用信息化平台，比如，学习通软件和超星泛雅平台中丰富的辅助教学功能模块，及时监测学生的学习过程以及结果。在线下课堂上，教师可以发起讨论活动，让学生分享自己的翻译，并进行互评，方便学生互相学习。同时，教师也可以对学生的翻译进行评论和反馈，或者在课上利用抢答环节，增强翻译课堂的趣味性，不断调动课堂气氛。在常规课堂教学之外，教师也可利用网络资源平台，打破时间和空间的限制，和学生进行翻译学习方面的交流，提升和拓展学习的深度和广度。

（四）创新英语翻译教学方法

高校英语翻译教学的开展，需要在英语翻译教学方法与模式上进行创新，以多元化的英语翻译教学模式与方法，打造全新的英语翻译教学氛围，激发大学生英语翻译学习兴趣，促进大学生融入教学活动中。在英语翻译教学开展中，教师应该改变灌输式教学方法的运用，重视研学性、网络化教学方法的运用，发展大学生思维，促进大学生对英语翻译信息的认知与掌握。

例如，在英语翻译教学中，运用情境教学，根据英语文本信息内容，为大学生创设多元化的英语对话、交流情境，使大学生在此过程中受到启发。之后为大学生提供英语文本，让大学生在情境的辅助下进行英语翻译。

又如，在英语翻译教学中，运用小组合作学习模式，引领大学生以小组为单位，进行合作性的翻译，通过大学生探讨、分析翻译文本，能够明确大学生的翻译方向，有助于锻炼大学生合作能力与协调能力，为大学生今后就业奠定良好的基础。

（五）提升教师翻译教学综合技能

在翻转课堂教学模式中教师作为课堂中的组织者和引导者，只有具备了较高的教学技能才能够确保教学过程的顺利进行。首先，翻转课堂教学过程需要大量运用现代化信息技术与工具，要求教师必须与时俱进地提升自身信息素养，并善于运用微信、QQ等学生喜闻乐见的方式来实现与学生的互动化交流；其次，课前视频制作是翻转课堂教学模式实施的关键环节，教师不仅要熟练掌握视频制作的方法，而且要将翻译教学内容有效地融入视频当中，才能够调动学生的学习兴趣与积极性；最后，课中环节，教师还要结合自身的教学经验，将教学内容细化为理论知识传递、翻译教材讲解以及翻译技能培养等多个模块，逐步开展教学。高校应当充分重视教师翻译教学综合技能的提升，要通过制订具有较强针对性和可执行性的教学能力培训方案，确保教师能够提升自身的能力。

（六）强化学生自主学习能力

翻转课堂教学模式当中，学生是主角，同时也是课堂教学的根本。它对学生的翻译自主学习能力具有更高的要求：学生不仅要自觉观看课前教学视频，而且要认真做好笔记、独立完成课前测验，同时还要积极参与到小组讨论当中，勇于表达自身的翻译观念，并及时做好课后评价反馈与学习总结反思。教师只有帮助学生养成高度的自主学习意识与学习能力，才能顺利完成上述学习任务，可以从以下三个方面做起：第一，提升学生学习兴趣，这是培养学生自主学习能力的关键，可以通过丰富课前学习材料、设计趣味性课堂活动、强化教学过程激励鼓励等方式，来使课堂变得更加生动有趣；第二，提升学生学习自信心，要引导学生主动进行思考，使他们敢于张口、勇于质疑、善于总结，通过不断的实践与探索，来逐渐形成符合自身实际的学习风格；第三，营造和谐融洽的课堂教学氛围，教师要逐步转变思维，主动放下身段与学生进行互动交流，使学生在轻松愉悦的学习环境中，逐步体会到翻译的乐趣和成就感。

（七）搭建翻译实践平台

高校可以根据学校办学特色，借助校内外资源，搭建校内翻译实践平台。高校可以通过校企合作，为学生提供企业口笔译实训的机会，为学生翻译的学习打破时间和空间的限制，发挥学生特长优势，助力学生利用翻译实训平台研究创新创业项目。培养学生的创新性思维，团队合作意识，提高学生对于翻译重要性的认识，提高学生学习翻译的积极性。

（八）实现慕课与翻转课堂的同步应用

依托慕课开展信息化教学已成为高校英语翻译教学改革的重要方向，慕课成了高校进行远程教学的有效工具。慕课不仅仅是教学内容展示的一种方式，借助翻转课堂教学模式，还是教学实施的必要环节。与此同时，慕课也为翻转课堂教学模式提供了集成化在线学习平台，课前、课中以及课后阶段都可以依托慕课平台实现教学一体化。从本质上来看，无论是慕课还是翻转课堂，都有着线上线下、课堂内外相结合的教学属性，都是为了提升学生学习的自主性，最大限度地调动学生学习的积极性。因此，实现慕课与翻转课堂的同步应用不仅有利于深入推进翻转课堂教学模式的灵活运用，还可以促进这两种教学手段的叠加运用，提高翻译教学的成效。

（九）提高学生的语言能力和中英语水平

1.通过翻译教学提高学生语言能力的具体途径

①通过互联网自主学习，提高学生的语言感受能力。让学生通过互联网或其

他途径来构建自己的语料库，感受名作、范文的遣词造句、布局谋篇，并定期与学生交流，让学生分享阅读后的感受和收获。

②以小组为单位进行合作型翻译活动。教师可以将学生分成小组进行翻译。在一个宽松的学习氛围中，学生可以充分发表自己的意见而不受约束。同学间对译文互评互改，相互取长补短。通过译文比较和讲评，领悟翻译的基本原则和技巧，这不仅能启迪学生的思维，加深他们对翻译的理解和思考，同时也培养了其译文欣赏与翻译批评的能力，发挥学生主体性，增强其翻译意识。

③定期组织翻译讲座。邀请一些学校知名校友或者专家进入学校，给学生讲解当前英语翻译就业市场的实际情况，也可以给学生专业系统地讲解一些英语翻译的技巧和理论。这样不仅能够将学生学习英语的兴趣很好地激发出来，还能让学生更加坚定自我。

2. 通过翻译教学提高学生中英文水平的方法

①提高学生的创作水平。正如余光中所说："翻译的心智活动过程之中，无法完全免于创作。例如，原文之中出现了一个含义暧昧但暗示性极强的字和词，一位有修养的译者，沉吟之际，常会想到两种或更多的可能译法，其中的一种以音调胜，另一种以意象胜，而偏偏第三种译法似乎在意义上最接近原文，可惜音调太低沉。面临这样的选择，一位译者必须斟酌上下文的需要，且依赖他敏锐的直觉。这种情形，已经颇接近创作者的处境了。"确实，如果译者的中文水平过硬，那么在翻译的时候可选用的汉语表达就比较丰富，所以就更可能译出高水平的文章。翻译在某种程度上可以说是一种有限的创作：一方面译者要遵循原文的意思，不能胡译、乱译；另一方面译者又可以选择自己认为恰当的词语来翻译，创作水平高，翻译的文章质量就高。

②提高学生的英语水平。首先，学生要多背单词，词汇是基础。词汇的问题解决了，还要解决语法的问题。看到一句话，无论是中文还是英语，都应该先分析语法结构，分析其主干部分，这种方法可以使翻译内容一目了然；再者，学生要多读英语读本，提高阅读量，这样学生的翻译水平会有显著的提高。

（十）加强师资队伍建设，提升教师整体素质

目前，许多英语翻译教师在翻译理论和技能方面有待提高。另外，一部分教师没有经过系统的培训，因此相对缺乏教学经验。翻译教学的师资队伍亟待提高综合素质，为培养具有国际素养的综合型人才创造条件。

首先，英语教师要及时更新教育理念，提升自身的国际化视野，学习国内外先进教育制度和模式，不断完善教学内容、改革教学模式，积极应用网络开展信息化教学。

其次，各大高校可定期组织教师参加有关翻译教学、翻译理论、翻译技能以及翻译技术等方面的讲座，或组织教师参加内容丰富、形式多样的培训课程，不断提高教师的翻译能力以及教学能力。

再次，高校应结合国际化教育背景，为教师提供教育学、心理学等方面的课程，帮助教师实现职业身份的平稳过渡。

最后，翻译教师要树立终身学习的理念。在信息化时代，教师的知识结构和能力要适应时代发展的变化，及时更新完善。教师应不断学习英语语言与文化知识，增强自身的翻译综合能力。

（十一）加强学生对翻译学习的重视程度

翻译本身是重要的，学好翻译更重要，学生应该重视翻译课程的学习。只有学生重视翻译课程的学习，他们的翻译水平才有可能提高。同时，教师还要告知学生翻译能力的重要性，让学生知道翻译水平提高了，英语的综合水平就提高了，这对于学生的英语学习、将来找工作都是非常有利的。让学生重视翻译学习的最好办法就是调动学生学习翻译的兴趣。那么，如何培养学生的学习兴趣呢？可以尝试以下方法。

1. 增加英语精读练习中有关翻译技能的培养

教师在讲授翻译习题时，不应该只是简单地对对答案，写写单词，讲讲语法，而应该以学生的练习题答案为依据，进行有针对性的评价。因为教师讲的就是学生自己做的答案，所以一定会听得特别认真，这样可以间接地调动学生的主观能动性，提高学生学习翻译的兴趣。

2. 提高学生对网络词语的兴趣

教师在翻译教学的过程中，可以用互联网丰富英语翻译教学方式。语料库、网络教学辅助平台、翻译工具软件都是不错的选择。例如，教师在留作业时，可以留一些难度较大的段落给学生翻译。在翻译的过程中，允许学生利用网络解决自己遇到的难题。这样，学生不仅自己解决了困难，而且还看到其他的参考答案，也能够反思自己的答案。这既解决了难题，又激发了学生的兴趣。

第三节　翻译教学的内容与原则

一、翻译教学的内容

（一）翻译教学的思想

1. 重视中国文化在翻译教学中的作用

文化是一个抽象的概念，人们很难给它下一个准确的定义。它包括人们衣、食、住、行相关的物质文化和教育、科学、艺术等方面的精神文化。不管是哪个民族，都要传承其特有的历史、人文、价值观、传统文化和思维方式等。语言是文化传播和交流的重要媒介之一，所以，文化和语言相互、关联和依托。文化的传播、发展和传承需要语言这个中间介质，文化的发展也促进了语言的进一步演变、推进和发展，丰富了语言的内涵。

在英语翻译教学中，不能只强调目的语文化、翻译理论、翻译技巧等方面的教学，而要重视翻译教学的终极目标——帮助学生利用所学知识去诠释和传播文化。这里所说的文化包含西方文化，更重要的是我们的母语文化，即中国传统文化。只有学好中国的传统文化，继承下去，并传播出去，建立本民族文化自信，我们才能更好地吸收和内化目的语文化，从而在两种文化间切换自如，成为民族间文化交流的桥梁。

母语文化在外语教学中的重要性显而易见。母语文化与目的语文化的对比可以加深学生对目的语特征的理解，也可以让学生更加深入地理解母语文化的精髓。除此之外，掌握好中国文化是学习和掌握目的语文化的基础。教师应通过提高学生对母语文化学习的兴趣来培养学生学习目的语文化的兴趣，调节学生学习两种文化的心理和态度。

2. 加强对翻译课程资源的整合

翻译课程资源整合是教学内容的承载体，也是实现英语翻译教学目标的基础。教师需要有见地的选择与翻译课程相关的资源，并与教材内容相匹配。在信息化时代，英语教育获得了前所未有的发展机遇，资源的整合和优化促使高等教学英语翻译教育现代化向前迈进了一大步。

利用网络化的基础设施条件，在网络资源库中搜索、筛选、整理适合翻译教学的教学素材和基本内容，并通过信息化技术手段加以改编、优化和创新，从而形成多形式、多媒介、适应英语培养目标的教学。高校教师应当在信息化教学环境下，大胆创造，自主研发适应翻译课程教学的资源，比如，电子课件、网络课程、翻译题库、翻译学习网站集成站等，使翻译教学资源实现真正意义上的整合和优化。

多维度、立体化的翻译课程资源打破了纸质材料的统治局面。高校英语翻译课程教学信息化改革可以强化信息刺激，增加大学生的知识输入量，充分调动起学生学习英语翻译的主动性，提高单位时间内教学、学习的总体效率。

（二）翻译教学的指导

事实上，翻译教学的先导就是翻译理论，翻译理论对翻译课程有着重要的指导作用。就目前的翻译理论来讲，不仅学派众多，而且十分烦琐。大部分的理论多为传统的理论，缺乏科学性、条理性和实用性。相对来讲，翻译功能目的论更为实用，较适合于实用翻译。该理论认为，对翻译过程起决定作用的不是原本本身或对接受者产生的影响，也不是作者赋予原本的功能，而是译本的预期目的与功能。实用文体多具有现实的目的，这种目的主要受翻译委托人、译本接受者及其文化背景和情境的制约。因此功能目的理论正适合实用文体翻译的目的，而且做到了理论与实践的结合。

二、翻译教学的原则

（一）信息对等原则

信息对等是译者在对所需要翻译的内容进行翻译的过程中，不管是书面翻译还是口头翻译，都必须确保译文的内容与原文的内容是对等的，不能随意篡改内容，或者是在翻译中夹杂个人意见，避免影响翻译的真实性以及翻译的效果。例如，在翻译电影内容的过程中，译者一定要确保翻译的情节内容与原电影情节以及内容的吻合性，促进信息对等原则的发展以及应用。

（二）文化对等原则

众所周知，中西文化之间存在一定的差异性，所以翻译除了要保证信息的对等性外，还应该保证文化的对等性，只有这样，才能确保对方能够理解自己所讲述的内容。例如，对于中国的草船借箭的典故，译者在进行翻译的过程中就需要寻找外国的一个与此相似的典故来进行对等交换翻译。而在外国并没有这样的典故的情况下，也可以采用注释讲解的方法，让对方了解我们所要讲解的故事以及所要讲解内容的含义，进而更好地实现文化的对等性，更好地帮助语言接受者进行理解。

（三）文化性创新原则

高校英语翻译教学的有效开展需要立足于当前高校英语翻译教学的困境，采取有效的教学方法，突破翻译教学的困境，增强高校英语翻译教学成效。针对当前英语翻译教学文化性缺失的问题，教师应重视英语翻译教学文化信息的融入，以文化信息为导向，丰富、拓宽英语翻译教学内涵，达到良好的英语翻译教学目的。

同时，将文化信息融入英语翻译教学中，也是"一带一路"倡议思想所提倡的，要求教育领域培养国际化发展型人才。国与国之间习俗、经济、政治等信息的不同，其文化信息也存在差异性。这就需要大学生既要了解本土文化，又要对沿海国家、地区的文化进行了解，以文化为推助力，运用英语语言与其进行友好的交流，以此才能够达到英语翻译的有效性。

所以，在高校英语翻译教学的创新中，教师需要遵从文化性原则，将沿海国家、地区的文化渗透到英语翻译教学中，使大学生按照不同国家的习俗、风情进行英语翻译，更好地提升大学生的英语翻译水平。

（四）主体性创新原则

在高校英语翻译教学创新中，需要遵从主体性创新原则。换句话说，高校英语翻译教学内容的选取、教学方法的运用、教学模式的搭建等都要围绕大学生进行，根据大学生英语素养的培养、英语翻译能力情况等信息，设计英语翻译教学模式，推进英语翻译教学在英语学科教学中的有效开展，以达到良好的英语翻译教学成效。

高校英语翻译教学以主体性的创新原则为导向，需要翻译教学的教学目标、人才培养方案等都围绕大学生进行，以立德树人为基础，通过开展英语翻译教学，促进大学生综合性发展，进而更好地提升高校英语翻译教学的质量。

（五）高度逻辑性原则

不管是书面翻译还是口头翻译，译者都必须具有高度逻辑性，在翻译的过程中，除了要能够准确地翻译出所需要翻译的内容以外，还需要保持清晰的思路以及良好的逻辑性，进而确保翻译内容是条理清晰的，让对方能够瞬间理解自己所翻译内容的含义。特别是在商务翻译的过程中，译者更是要保持高度逻辑性。而且翻译的过程中，一定要谨慎，有时一个很小的错误，都有可能导致整个商务交易的失败。因此，在翻译的过程中，译者除了要确保信息的对等性、文化的对等性以外，还需要坚持高度的逻辑翻译原则。

第四节　翻译教学的创新模式

一、交际教学模式

对于传统的英语翻译教学模式而言，教师是课堂的主体，学生被动参与其中，因此学生的学习一般是较为机械化的记忆，学生的学习兴趣在这样的状态中很难被激发出来，所以教学效果不够理想。为了全面提升学生的英语思维水平，以及实践应用的动力，英语教师可采用交际教学模式。

①利用网络技术和英语学习的平台，应用多媒体教学的模式，把网络教学资源进行融合，让学生学会使用翻译软件，从而加强其对英语翻译的探究与实践。

②采用小组教学的模式，让学生讨论译文的生成，然后由各组分别实施讨论，让小组代表来发言，从而在交流中产生思想的碰撞，为学生营造良好的交际课堂氛围。同时，鼓励每个学生都能积极参与课堂活动，提高学生的学习积极性，也为学生实践应用能力的提高打下基础。

③利用实践翻译来提高学生的思辨能力，充分锻炼学生独立翻译英语的能力，切实提高学生的翻译水平。

二、生态教学模式

高校英语翻译教学处于变化中，尤其是构建生态化的互动课堂以来，教师要充分关注学生的变化和其他因子的变化，从而制定英语翻译教学的具体方案，不断培养学生的英语翻译能力。

①一定要了解学生的学习状态，并制定科学化的教学方案，达到教学中各因子协调平衡的效果。在进行高校英语翻译教学时，教师需要尽量弱化自身的主导性，并在生态环境下充分体现学生的主体性，以此构建平等对话的教学模式。

②引导学生积极思考，摒弃过去教师一人主导的现象，为学生营造轻松的英语翻译氛围，以此充分展现学生的个人能力。

③重视学生的思维发展，要在教学时让学生的思维主导课堂，有效减少学生对教师的依赖。

④学生和教师之间不仅要形成良好的互动关系，而且学生与学生之间也要保持良好的互动性。教师要合理引用竞争机制，将分组方法应用其中，让学生可以相互协作，共同将学习任务完成。

⑤互动教学可以产生良好的学习气氛，促使学生的学习积极性得到提高，进而全面提高英语翻译教学的效果。互动课堂的构建过程，提高了学生的英语翻译实践能力，加强了学生的综合水平。因此在进行互动教学时，教师要科学地进行设计，从而更好地确保课堂教学的质量。

三、网络教学创新模式

（一）优化教学观念

高校需在网络环境下凸显学生的核心地位。信息技术、数字资源、教学平台的创设需以学生为主，明确学生英语翻译学习诉求，将其变为教学优化动力，使网络环境下的育人资源得以聚合且具有实效性。

例如，高校可践行分层递进的教育理念，一方面针对不同年级制订教学优化行动计划；另一方面立足各班级剖析学情，划分英语翻译教学层级，以此为由规范微课，保障各个层级高校学生均能在微课学习中有所收获，突出微课形式丰富、内容独立、模块多元、生动有趣的教学优势，保障网络环境、学情、教学观念同步发展，最终实现英语翻译教学的优化目标。

再如，高校可在网络环境下推行多元智能理论，将学生视为英语翻译教学中的独立个体，为学生潜能的开发给予支持。在网络环境下打造开放、民主、活跃的英语翻译课堂，使学生能激活翻译思维，在逻辑、交际等智能重组基础上掌握新知识，驱动成长型思维模式，加强认知迁移，强化翻译能力，实现网络环境下英语翻译教学的优化目标。

（二）优化教学手段

网络环境为混合式英语翻译教学提供了有利条件，对固有教学手段予以扬弃，能发挥旧教法及新教法联动的育人优势。当前与英语翻译教学有关的新教法仍处于发展阶段，需高校教师能创新教法，针对教学手段加强优化，使"网络英语翻译"教育模式更优化。例如，教师可运用网络环境中的电影资源教书育人，通过引领学生分析电影对白，让学生进入英语语境，了解英语文化，能根据西方国家用语习惯精准翻译，提升翻译能力。

为了使英语翻译课堂更加生动有趣，教师还可指引学生玩配音游戏，按照电影情节及对话内容完成配音任务，培养学生英语思维能力、反应能力、语言组织能力等核心素养。教师用学生感兴趣的电影情节、旁白、对话等素材作为英语翻译课前导入媒介，使学生更为专注。在此过程中教师还可指引学生概述电影内容、创写电影桥段、续写电影故事，有效增强学生的翻译能力。

在英语翻译教学结束后亦可用电影布置作业，使学生能通过直译、意译、异化等方法让翻译内容更为通顺。与教师直接提出问题要求学生翻译相比，电影不仅生动传神，赋予翻译乐趣，而且还能起到启发作用，指引学生联系剧情、人物关系、电影主旨等，用更加贴切的语言进行翻译，提高课后联系的有效性，继而达到网络环境下高校英语翻译教学的目的。

（三）优化教学内容

网络环境具有教育资源共享、公开、多元等特点，除网络有关资源外，教师还需根据高校英语翻译教学标准加以筛选，使之更具合理性、科学性、实操性，能帮助教师完成英语翻译教学任务。与固有翻译教学内容相比，网络环境下的教学内容以视频、音频、图片为主。从技术上讲，这些内容需符合本校网络教学平台的格式要求；从教改层面上讲，需要强化高校学生的核心素养，这就需要高校在优化教学内容的基础上开发校本课程，使英语翻译教学能立足网络环境，提升育人水平。"网络英语翻译"教程开发要关注以下几点：

1. 实时性

利用网络资讯丰富、新鲜、多样的特点，选取学生常关注、感兴趣、能理解的内容作为翻译素材，如科比飞机失事始末、"泛文化"未来发展等，使学生能在英语翻译中全情投入。

2. 规范性

网络环境为英语翻译教学内容聚合提供了便利条件，这并不代表任何内容均符合教学要求，因此教师需保障有关内容的规范性，与本国核心价值观相吻合，能助力学生强化"四个自信"，容量适中、逻辑清晰、结构合理，还可引领教师规范使用虚拟现实技术、大数据等新技术手段，具有指导性及可行性。

3. 系统性

高校需创建网络化教育内容存储机制，设立数据库，根据专业、学情等方面内容输出教育内容，推行"收集—筛选—储存—输出"体系，理顺"网络英语翻译"教育内容的优化思路。同时还应与教育标准、党政方针、社会需求联系起来，提高网络化英语翻译教学内容的综合质量。

（四）优化教学评价

过去的高校英语翻译教学评价主要由教师主导，教师的个人喜好、执教经验、专业素养都会影响教评结果，使之缺乏精准性，存在降低育才质量问题。为此高校英语翻译教学需将评价优化视为重要一环，立足网络环境丰富教评模式，发挥以评促学、以评促研及以评促教的优势。

例如，高校可利用网络技术将学生的课上翻译录下来并传至班级群组，使学生能了解自身的翻译情况，如电影趣味配音情况、翻译素材解析情况等。在此基础上鼓励学生互评、自评，体现学生教评的主体地位，指出翻译问题，反观翻译全程，明晰不足之处，将有关问题视为师生交互支点，有效开展英语翻译教学活动，善用生成性翻译教学资源，最终达到优化教评模式的目的。

再如，教师可利用大数据技术将基于网络环境的混合式学习信息录入计算机，通过软件处理获得信息化多维教评模型，将学生文化意识、翻译技能、理论知识等方面视为教评对象，保障教评结果客观且直观，帮助学生发现英语翻译短板，改进学习体系，优化教育方案，使网络环境下的高校英语翻译教学效果更优。

四、隐喻教学模式

隐喻教学模式是指教师在翻译教学实践过程中，有计划、有目的地引导学生进行隐喻思维能力的培养训练，以概念隐喻理论的相关知识为理论依据，培养学生对语境、认知、文化隐喻的深层理解。通过对字、词、句、段、篇章的隐喻翻译教学讲评，学生亲身实践和互动测评等形式，提高学生翻译技能的一种翻译教学培养模式。

（一）向学生详尽讲解隐喻的相关理论知识

在这一环节中，教师以知识讲授为主，向学生系统地介绍隐喻的相关理论，包括早期的传统隐喻理论，如亚里士多德的对比论、昆体良的替代论、布莱克的互动理论。当然讲授重点还应放在莱考夫和约翰逊的概念隐喻理论上，将其定义、类型、工作机制、特征等系统地介绍给学生，让学生对隐喻的重要性有所意识，在学习中有意识地关注隐喻，培养自身的隐喻能力。

（二）有意识地培养学生的隐喻思维能力

隐喻思维能力包含四个层面：一是创造新隐喻的能力，即应用隐喻的原创性；二是对隐喻的多层意思的正确理解能力，即把握隐喻的熟练度；三是对新隐喻的正确理解能力，即对"原创"隐喻的认知和理解；四是准确、正确、快速理解隐喻的能力，即辨识理解隐喻的能力。而隐喻自身有三种属性：浓缩性，即用精练的语言来表达丰富的经验和复杂的概念；图像性，即用语言引发思维图式；创新性，即能够表达本来无法表达的概念。这些属性促使人们对隐喻所表达的新概念主动思索，领悟本喻体间的概念关系。概念隐喻理论从话语中蕴含的隐喻入手研究认知，使译者对两种语言比较的同时，还要从两种语言的概念体系出发，从源域与目标域的相互映射角度思考问题。概念是从人类的经验中总结而来，所以不同概念体系的人可能无法"翻译"彼此的话语，却可理解。如在"The air war heats up as the air war heats up."一句中（本句出自一篇关于北约对科索沃空袭的新闻报道），"air war"有空袭、空战的意思，我们在了解该句的背景的同时，根据经验可理解第一个 air war 运用了隐喻，将铺天盖地的媒体报道比喻成空战，由于作者在字面上玩了文字游戏，造成译者在翻译时无法在目标语（汉语）中寻求到同一概念来分别指代空袭和媒体报道，这就造成了"不可译性"，但是根据人类的概念系统，该句可被理解。可见，隐喻的理解使得原文得以理解，翻译过程的第一步得以完成。

传统的翻译过程常被概括成理解与表达两个阶段，也称两段式翻译过程。在理解阶段，译者要分析原文，弄懂原文确切含义；在表达阶段，译者要用译语将源语的意思说出来。学者叶子南借鉴了奈达的翻译过程模式，将其分为三个步骤，即分析、转换、重建。

译者首先要认真阅读分析原文，挖掘出原文在各个层次中的语义含义，再将分析好的语言资料从源语转换到译语，最后将原文中的重要信息在译语中重建出来。这三个阶段始终贯穿着译者的思维过程，在分析阶段译者看到了语言的线性结构；分析后，译者理解原文，在大脑中形成意象图式，然后将头脑中的意象图式或抽象概念根据译语的语言特征重新构建，将源语用地道的译语表达出来，即用线性的文字表达出来。从认知心理学角度看，"理解"是学生以信息的传输、编码为基础，根据已有的信息建构内部的心理表征，进而获得心理意义的过程。

人的认知是一个对已有的心理表征进行主动的组织和建构的过程，在图式形成后，当一组新信息呈现时，信息输入就会使图式中与之相关的概念被激活并向邻近扩散，人就根据当时的需要对这些被激活的表征进行重新组织与建构，从而使新信息获得具体的意义，完成理解过程。

隐喻是用一组事物理解和体验另一种事物，是从源域向目标域的映射。因此隐喻可以帮助学生用已知事物来理解在翻译过程中遇到的未知事物。从认知领域来说，隐喻是文化的认知工具，当人们用一种文化的认知工具去认识另一种文化时，首先应还原认知工具的原本面目，留其形象，产生联系意义。隐喻的理解就是逆向还原源语的语言符号所表征的对象，而译者所要表达的是理解过程中所获得的所指意义和相关信息。隐喻的创造和理解过程是一个创造性思维活动过程。认识客观世界强调隐喻思维，而隐喻思维能力是人们认知发展而产生的一种创造性思维能力，是认识事物，尤其是抽象事物思维基本能力。从翻译教学来说，隐喻能力实际上是指译者在翻译思维过程中辨认和使用新隐喻的能力。译者作为认知主体，在翻译中的认知活动是以现实体验为基础，理解源语语篇所表现出的各类意义，尽量将其在目标语中映射转述出来，在译文中着力勾画出源语作者所欲描写的现实世界和认知世界。

我们日常生活中的语言、思维普遍存在着隐喻，但学生在学习过程中往往遇到隐喻时不能够意识到这是一个隐喻，因此学生仍需要大量时间培养训练隐喻思维，使自己在翻译的分析、转换、重建过程中沉浸于隐喻氛围中。隐喻有用已知认识未知、用具体形容抽象、变难为易的特点，这些特点都可以帮助学生在翻译过程中用已知事物理解未知事物，加深对原文的理解，以便用更地道的译语将其表达出来。隐喻本质上是一种认知，也就是说隐喻是人们身体、大脑、经验、心智的产物，隐喻的产生在日常生活中不可避免。因此，学生应有意识地、积极地利用隐喻进行思考，主动建构隐喻思维模式。

教师在翻译教学过程中，选取翻译资料应侧重包含隐喻的短片文章。课堂上教师应将文章的精彩之处及难理解之处进行赏析和评述，与学生共同讨论，交换思想，从而促进隐喻思维能力的提高；而学生在课下独立完成的翻译习作，教师应认真批改，针对学生在翻译隐喻时所犯的共同错误仔细讲评，让学生及时核对思路，积累经验，养成隐喻思维模式。教师还应提醒学生收集整理常见隐喻，让学生记忆背诵，从而使学生能够熟练掌握一些习惯表达。隐喻翻译教学模式的宗旨就是通过对常用隐喻的教与学，达到使学生对隐喻有一种感性认识的目的，促使学生养成隐喻思维习惯。例如，"Wall Street is a dog-eat-dog place."学生在翻译这句话时容易将其翻译成"华尔街是个狗咬狗的地方"，而"狗咬狗"在汉语中有相互揭短的意思，它的施动者应该是人，而非华尔街这一地方，显然，将该句翻译成狗咬狗的地方会造成读者的误解。那么从隐喻切入，将该词逆向还原到源语中，我们不难发现，"dog-eat-dog"的意思是残酷、残忍，因此该句应翻译成"华尔街是个残酷的地方"。

第五章 英语翻译教学的技巧

英语的翻译技巧对英语的应用而言至关重要，同时亦是英语教学中的重点内容。虽然教师在讲授英语时都会一直强调英语翻译的重要性以及技巧性，但实际上教学效果并不显著，因此在英语的教学中对英语翻译的技巧与方式需要更进一步的探索。本章主要分为词汇层面的翻译技巧、句子层面的翻译技巧、语篇层面的翻译技巧、文体层面的翻译技巧四部分。

第一节 词汇层面的翻译技巧

一、英语词汇的理解和表达

（一）词汇的理解

首先，译者对英语词汇的准确理解对词汇的翻译起到了至关重要的作用。如果译者对词汇的理解出现了问题，就谈不上翻译了。如 We must make ourselves aware of the past and present of China.（我们必须意识到中国的过去和现在），可以改译为：我们必须了解中国的古今（发展）。这解释里的 "past and present" 不能简单地翻译为 "过去和现在"，而是翻译成 "古今" 更符合语境。显而易见，译者对一个词语的理解不够准确是无法完成精确翻译的。

（二）词汇的表达

译者在准确理解英语词汇的基础上，要准确表达出这个词在句子和全文中的含义。词汇的表达可是难倒了很多人，经验再丰富的译者也经常会在词义的表达上犯难。平日里我们口中的 "忠于原文"，指的就是准确地表达出词汇的意义。

仅仅翻译出一个词在字面上的含义有时会造成表达不明确甚至表达错误的现象，如 "a heavy meal" 要翻译成 "不易消化的饭菜"，这里的 "heavy" 不能翻译成本意。

二、词义的转换

词义的转换主要是词类的转换，指的是在并不改变原文意思的前提下，为了使表达更加通畅准确，对词汇进行相互转换，比如，名词与动词的转换、形容词与动词的转换、副词和动词的转换、介词词组和动词的转换、介词词组与副词的转换、名词与形容词的转换和副词与形容词的转换。汉语的词义单一，但是英语的词汇可以通过添加不同的词缀而变成不同的词性。例如，threat 是名词，threaten 则变为动词，threatened 却是形容词。在翻译中，有的英语词汇无法直译成与之相同的汉语词性，或是译后不通顺，无法表达出原文含义。

三、肯定变否定，否定变肯定

无论是汉语还是英语都存在肯定与否定之分，但是表达肯定和否定方式存在一定差异。汉语中的否定带有明确的否定标志，如不、否、无、非、勿。而英语表达否定的方式却有很多种。除了直接出现的否定词 no、not 之外，还有否定前缀、形式肯定意义否定的英语词汇、否定含义的短语等。例如，dislike、beyond、in place of、rather than 等。在英语词汇翻译中，有时因为中英存在差异，译者必须采用反译法，即把肯定译成否定，或是把否定译成肯定。

四、拆分法

拆分法也叫分译法或拆离法。当一句话过于烦琐或者一个英语词汇过于烦琐时，可以采用拆分法使句子的翻译更加简明易懂。拆分法翻译分为词的拆分和句子的拆分。一个词在原文中所表达的含义无法用一个汉语词语表达清楚时，可以采用多个词语来解释其含义，适当的增加词汇未尝不可。一个烦琐的从句可以拆分为几部分或几个句子来翻译。

五、英汉词语混用和音译法

英汉词语混用指的是将英语原文中的词直接原封不动地用在译文中，如 KTV、CD、IQ、NBC 等，这些生活中常见的英语词汇都是直接移植过来的，也为人民大众所接受，这种方式较翻译更加简明好记。但这种翻译方法使用范围有很大的局限性，翻译时要格外慎重。英语词汇的发音适用于人名的翻译，如

Churchill（丘吉尔）；地名的翻译，如 Australia（澳大利亚）；原来没有的事物也可直接音译，如 coffee（咖啡）。

六、适当增加或减少词语

英语词汇和汉语词语互译有时无法做到一一对应，这时就需要通过增加词语或者减少词语来使语义更加明确流畅。有些英语词汇的意义并没有在字面上清楚地表现出来，却需要在翻译的时候将其意义表达出来。而有些英语词汇表达烦琐，所以在翻译过程中需要省略不必要的词语来使句义简明易懂。英汉语法存在很大的差异，比如一些冠词和代词的使用，因此，在翻译过程中可根据原文省略部分冠词和代词。在翻译文学作品中，可根据语境适当增加修饰词来使内容更加生动。一个简单的英语词汇翻译却包含着很大的学问，译者既要了解语言知识，也要了解文化背景，掌握并熟练运用词汇翻译技巧。

第二节　句子层面的翻译技巧

一、句子结构分析

第一，在看到一个英语句子之后，先要抓住它的主要句子，也就是句子主干，分清哪里是主要的，哪里是辅助的。然后再看句子的枝叶，也就是从句。这样一来，就为后面的工作打好了基础。

第二，要弄清楚起修饰作用的词语，明白修饰事物之间的关系。很多英语句子之所以很长，就是因为句子中有很多的修饰性的词语和插入语等。所以，只有明白这些修饰语和插入语的关系，才可以看通句子。

第三，明白句子的框架。如果学生能够明白句子之间的逻辑关系，知道从句的位置，那么就可以很好地分清句子的框架关系。

第四，找到插入语，补足语的位置。这些句子都有着他们独特的地方，如插入语一般都有逗号隔开，起到补充说明的作用。我们在分析句子的时候可以先把它放在一边，简化句子的组成。

第五，注意关联词。在分析句子的时候，教师要引导学生发现一些关联词或者是固定的搭配，掌握相关句子从属关系，如因果关系、转折关系、递进关系等因为这些关联词很有可能会成为句子分析的突破口。

第六，判断英语句子的成分。在一些长句子里面，往往会出现割断的情况，这样就会让句子分析的难度增大。所以学生必须能够注意到这一点，学会拆分难句子，补全句子。

二、句子的翻译方法

（一）顺译

当英语长句的叙述层次与汉语基本一致，即句子是按动作发生的时间先后或内在逻辑展开叙述，与汉语的表达习惯一致。在翻译时，可按英语原文的顺序翻译成汉语。

例1：Premier pledged to reform a political system that sometimes looks as if it were geared more to raising money than solving problems.

首相决心改革一种政治制度，这个制度有时看来似乎只适合搞筹款那一套，而不解决实际问题。

（二）补充或省略

在翻译过程中，真正忠于原文并不是要字字对译，并不是在于形式上是否和原文一致，而是在于内涵上是否与原文一致。因此，只要不妨碍宏观意义，为了便于连接上下文，或为了避免译文表达不够清晰，有时需要增加词句。像双关语、时态意义、强调意义等都需要在翻译时加以补充。然而，有时为了避免表达生硬繁琐，必要时可删减个别词，尤其需要删减汉语表达中意义重复的部分。下面是实际操作中常见的一些加词或减词的情况。

例2：Most recommendable was our unfailing moral on the court. Our sportsmanship also remained good. We persisted in carrying on to the last when suffering great loss.

最可贵的一点，我们在球场上士气很好，球风亦佳；在输得很惨的情况下，我们也不气馁，能够坚持到最后一秒。（补充强调意义的词）

（三）改译

由于源语与译语之间存在着种种差异，翻译在其形式转换的过程中，不可避免地会产生对源语文本的偏离与背叛。而要从根本的意义上更忠实地传达原文的意义、精神与风貌，需要一种"重写"。所以，精炼的英语句子往往不能按照字面的意思翻译，要结合上下文，通过适当的改译，表达出其内涵意思。

例 3：Frost came twice since then, luckily not a killing frost.

后来降了两次霜，幸好没有摧残已种的东西。

（四）重组

首先，英语长句有时候结构复杂，连接关系不容易切断。在表达方法上，有些英语句子不太符合汉语的表达习惯，这时需要将句子断句后重组。重组法的好处是由于彻底摆脱了原文语序和句子形式的约束，所以比较容易做到汉语行文流畅、自然；其次，英语从句较多，尤其是定语从句，而汉语没有定语从句的结构。这样的句子我们不得不切断原句的总体结构，在翻译的时候重新组织，忠实顺畅地表达原文。下面举例说明不同情况的重组方法。

例 4：She found learning new material in the evening before sleep results in better memory compared to learning during the day.

她发现，相较白天而言，晚上临睡前学习记忆效果更好。（词组位置前移）

例 5：For women, this detailed speculation about possible motives and causes requiring an exhaustive raking over "history" is a crucial element of gossip, as is detailed speculation about possible outcomes.

对女人来说，对可能的动机和原因进行细致的推敲需要仔细梳理事情的始末，这和对可能出现的结果进行细致推测一样，是八卦的重要组成部分。（非限制性定语从句前移）

例 6：It is very important to use your imagination in order to learn English efficiently.

为了有效地学习英语，使用你的想象力是很重要的（状语前移）

例 7：Once you get one however it is important to remember the rules of wise credit card usage. There is a middle ground in which students can build a credit history in college have the convenience of using credit instead of cash for purchases and emergencies and still not run up a lot of debt.

然而，一旦你申请到了信用卡，你要记住使用规则，那就是明智地使用信用卡，这一点很重要。要做到这一点，有一个折中的办法。学生可以使用信用卡在大学期间建立信用记录，在购物或遇到紧急情况时可以不用现金，而用信用卡来支付。这样既获得了便利，又不至于欠下大量的债务。（定语部分用分译法）

例 8：Fate itself is subdued by the mind which leaves nothing to be purged by the purifying fire of time.

如果心灵未经时光的炼火就已完全净化，那么命运对这种心灵就完全无能为力了。（颠倒语序逆向译法）

首先，在翻译以上长句时首先要注意逻辑性与层次感，应忠于原文。其次，要突出原文中内在意念的重心。句子重心的安排是基于对原文正确的理解。只有对原文有了透彻的理解，才能准确、明白地表达原文的意思和风格。

（五）被动变主动

从句式来看，英语的被动句多于汉语，在科技文体、公文文体和应用文体中用得较为普遍。而被动语态之所以能在各类文体中得到广泛应用，一是因为其见解客观，很少带感情色彩；二是这种句式在语义的表达上也比较直观真实，能准确说明问题并引发读者的兴趣。此外，被动语态能得到如此广泛的应用还与英语的表达方式、外国人的思维方法、表述习惯等有关。被动语态强调动作的承受者，隐含动作的发出者，以表示对所提出的话题持有客观态度，所以表达比较婉转。汉语主要凭借词汇手段以及句式来表示被动语态，而且在很多情况下主谓之间的被动关系是隐含的。据此，我们可将被动语态的英语句子用下面的方法汉译。

例 9：Your mischief will be forgiven while you admit it and apologize to the victim.

只要你认错并向受害人道歉，人们会原谅你的恶作剧行为的。（使用泛指主语）

例 10：He was reported to have broken the world record.

据报道，他打破了世界纪录。（"据"加动词）

例 11：George was suddenly stuck by the realization that as a stranger he would never experience the warmth and colors of his mind.

乔治突然意识到，作为乡下人，他是永远无法体验到自己头脑中想象的那种浓浓暖意和缤纷色彩的。（转换动词）

例 12：When you have possessed a book with mind and spirit you are enriched. But when you pass it on you are enriched threefold.

当你领会了一本书的思想和精神，你会变得富有。但是，如果把这本书传递下去的话，你要富有三倍。（被动隐含）

例 13：On the new version of our website what are the major aspects that you think are necessary to be further improved?

对我们网站的新版本，您使用后觉得主要应在哪些方面加以改进？（"加以""予以""给以"）

第三节　语篇层面的翻译技巧

一、合理运用衔接手段

（一）准确使用代词

代词的使用是为了让语篇的语言成分之间互相照应，从而达到语义上的连贯。但如果没有理清指代关系，盲目使用代词，反而会弄巧成拙，让语义更加模糊。因此，准确使用代词是解决衔接不当，保证语义连贯的重要策略。

（二）增添连接词

增添连接词的目的在于将两个语句之间的意义串联起来，使语篇成为一个有机的整体。这里所说的"连接词"并不等于"连词"，而是一种能够串联语义的连接手段。韩礼德和哈桑将连接方式分为四类，分别是增补、转折、原因和时间。连接手段包括连词、副词、介词、短语和分句。

（三）正确选择上下义词

上下义词指的是两个词之间其中一个词的意义包含了另一个词的意义，意义较为笼统宽泛的词称为"上义词"，意义较为具体的词称为"下义词"。上下义词是词汇衔接的一种手段。在汉英翻译中，译者需要敏锐辨认出上义词和下义词。由于原文质量参差不齐，往往只有上义词或下义词，又或是两者同时存在，若译者不加以辨别，被原文的思路套牢，就会导致译文主旨混乱。上下义词的选择需要考虑语篇主旨的统一性，在原文同时存在上下义词的情况下，若下义词更紧扣主旨，则翻译时应该删去上义词，保留下义词。因此只有正确选择上下义词才能使语篇更为简洁，主旨更加突出。

二、梳理逻辑关系

在叙事性较强的文本中，作者为了准确刻画人物、反映当下生活，没有使用过多的衔接手段，加之汉语本身就是一门意合型语言，形散而神不散。译者需要仔细梳理逻辑关系，分清主次信息，这样才能产出合理流畅的译文。

（一）遵从主位和述位原则

主位和述位的概念来自布拉格学派创始人马泰休斯，他指出，位于句首的成分在交际过程中具有引出话题的作用，这类成分可称为主位，其他部分称为述位。主位一般表示已知信息，述位一般表示新信息。他的目的在于研究句子不同成分在语言交际中发挥的不同功用。主位是一切交际的出发点和支撑点，而述位能够推动交际不断向前发展。国内学者赵陵生指出，人们在交际时把许多有内在联系的句子连接起来以表示一个比较复杂的思想，这种联系表现为不断地从主位到述位的过程，即前一句的述位作为后一句的出发点（主位）引出一个新的述位，而这个新的述位又作为第三个句子的出发点（主位）引出另一个新的述位。赵陵生的观点实际上是主位推进的一个模式。徐盛桓总结出主位推进大致分为四种模式：平行性推进模式、延续性推进模式、集中性推进模式和交叉性推进模式。

平行性推进模式指的是以第一句的主位为出发点，后文各句均以该主位为主位，分别引出不同的述位；延续性推进模式属于赵陵生所分析的情况，即前一句的述位作为后一句的主位，引出新的述位，并照此延续下去；集中性推进模式是指第一句的主位和述位做出基本叙述后，后文每句分别以新的主位开始，但依然沿用第一句的述位；交叉性推进模式是第一句的主位成为第二句的述位，第二句的主位又成为第三句的述位，如此交叉发展下去。

不同的语体类型采用不同的主位推进模式，如论证性语篇逻辑关系严密，需要一步步进行推理论证，因此多用延续性推进模式；叙述性语篇以人物、事件为话语中心内容，因此多用平行性推进模式。

（二）分清主次信息

在注重意合的汉语中，句子的主次信息通常相互交错，而内在逻辑依然连贯。但英语重在形合，句子的逻辑关系需要语法架构起来，主次信息交错会破坏逻辑关系，给读者带来理解上的困难。因此，为了实现逻辑连贯，译者需要根据语篇主旨和上下文关系分清主次信息。

（三）避免时态混乱

时态可以指示事情发生的先后顺序，帮助梳理逻辑关系。但由于汉语没有时态的区分，译者受到母语影响，常常会忽视时态的重要性，对时态的用法未加以区分便随意运用，造成句子逻辑混乱。所以，为了确保语篇的逻辑连贯，译者需要避免译文中的时态混乱。

（四）保持主语统一

汉语作为意合型语言，句式非常灵活，同一段落的主语会频繁更换，汉语读者能够通过具体语境推理文章的逻辑关系。译者若按照原文的思路走，译文便容易让英语读者感到困惑，因为他们处在不同的社会文化背景下，无法推理出原文的含义。所以，译者在碰到原文有多个主语或突然变换主语的情况时，应该首先根据文章主旨确定一个中心主语，然后转换表达方式，将其他主语处理成修饰成分。

三、分析语境

语境指的是语言运用的环境。由于语篇是人们进行社会交际的产物，而交际是产生在一定的情境之中，所以语篇分析必然离不开语境的分析，其中包括谈话的内容、交际活动的参与者、交际的渠道等因素。这些因素共同作用形成一个情境构型，称为情境语境，以上三个因素分别称为语场、语旨和语式。具体来说，语场指正在发生的话语行为是什么，即语篇的主题和内容；语旨指交际者的身份和角色关系，包括性别、年龄、职业、社会地位等；语式指语篇形成和传播的手段，包括文体、渠道、媒介等。当语篇与情境语境衔接时，便达到了连贯的效果。因此，分析语境是实现语篇连贯的一个重要策略。除此之外，译者还需要结合上下文分析某个字、词或句子在特定段落、篇章中的具体含义，继而给出最准确的译法。

第四节　文体层面的翻译技巧

一、产品说明书的翻译技巧

（一）产品说明书的含义

产品说明书，也可称为产品使用手册。这种题材的主要功能是指在文体的表达方式下，对某项产品进行相对详细的表述，使人深入了解某产品的功能。产品说明书一般可纳入正式的书面体语篇，也常常被学者列入科技语言的范畴。由于其经常包含知识，科技等的普及，宣传和利用，产品说明书凝聚的知识精华因此被人们所传播和吸收。说明书虽然小巧，但在产品应用与宣传上有着举足轻重的作用。因为消费者认识一个产品，往往先阅读其包装里附带的说明书。

（二）产品说明书的文体特征

1.词汇特征

众所周知，产品说明书可以归属于科技文本，同时兼具实用性的特点。说明书在向使用者展示产品使用方法时，要考虑到产品的使用人群，因此叙述文体要简明易懂，表述准确。

（1）多用普通词汇

由于产品说明书的受众范围广，大至百岁老人，小至几岁孩童都需要通过阅读说明书来使用产品，其叙述风格应"就低不就高"，用语不能艰涩难懂。不论中英语的说明书，其用语都会尽可能选择贴近生活的普通词汇。

例14：本品不可清洗再利用，请确保有限期内使用。

This product cannot be cleaned and reused, make sure it is used for a limited time period.

例15：空气不流通，呼吸不顺畅或睡眠中不建议佩戴。

It is not recommended to wear when the air ventilation is not good or breathing becomes difficult or you are in the sleep.

分析：说明书翻译必须充分考虑英汉两种语言表述结构的不同。以上两个例子是口罩的使用说明书中的文本，汉语注重意思的表达，而英语则要求"主，谓，宾"等句子成分完整。两个例子的用语都简明准确，词汇通俗易懂，体现了科技文体所要求的简洁、严谨的特点。

（2）使用专业术语和缩略语

产品说明书是一种相当专业的应用文体，用词专业性乃其一大突出特点。这种特殊文体因其狭窄的语域而使用了相对稳定、有限的词汇。由于科技文本的特点，说明书在介绍产品特征的时候，需要用到一些专业词汇，以体现其专业性和严谨性。

例16：

A：ON/OFF（Power bank）

B：Indicator light（Power bank）

C：Lens

D：MIC

E：Video indicator light

F：TF card slot

G：Spy button（video/audio/photo/MD）

H：Power bank charging port

A：电源按键

B：电量指示灯

C：镜头

D：MIC

E：录像指示灯

F：TF 卡插口

G：摄像按键

H：电源充电口

以上例子是某摄像机的中英对照说明书。对比可知，在翻译 MIC 和 TF 的时候，译者选择了零翻译法，也就是不翻译。这也体现了用语的专业性、准确性和规范性。正因为科技文本的专业性特征，译者更需要准确把握各个问题的专业性词汇，了解相关概念。

2. 句法特征

（1）使用无主句和祈使句

汉语说明书中使用无主句较多，而英语说明书使用祈使句较多。因为科技文章所描述和讨论的是科学发现或科技事实，尽管科技活动是人类所为，但科技文章所报告的主要是这种科技的成果或自然规律，而不是报告这些成果或自然规律是由谁完成或发现的。

例 17：请不要在高温、多尘和潮湿的环境中使用本机。

Please don't use this device under high temperature, dust and humid environment.

例18: 请不要让本机与硬物摩擦撞击，否则会导致外观磨损或其他硬件损坏。

Don't friction and impact with other hard objects which may lead to scratch or other hardware damage.

上述两个例子都在对用户使用产品时提出相应要求，以保证正确使用相关产品。在使用无主句时，多在句前加上"请"以表亲切，并维护了品牌的形象。

（2）语句简单，多用短语结构

由于科技翻译的专业化特点，说明书的用语较为简明。一般的标识语分为以下三类：名词化短语，动词及动词化短语和介词。例如，on 是"开"，off 是"关"。

例 19：

烘炉 Dry-off operation for furnace

使用与维护 Operation and maintenance

常见故障与排除 Common faults and troubleshooting

以上译文来自生物颗粒燃料熔炼炉使用、维护、保养说明书，在标注配件、按键、目录时均可以使用。这种翻译方法，不会使读者产生歧义，让读者可以更好地理解掌握产品的性能和使用方法。

（三）产品说明书的翻译原则

1. 使用从句

众所周知，英语和汉语属于不同语系。英语属于印欧语系，汉语属于汉藏语系，英语结构紧凑，汉语结构松散。在翻译时，译者应时刻注意如何将源语言准确转译为目的语。在产品说明书汉译英语本中，"时间状语从句"和"if 条件句"可以较好地表达语句的逻辑和时空关系。

（1）时间状语从句的使用

例 20：搬运时不可在地面上横向滚动，需用运输工具来搬运。

When carrying the crucible，the horizontal rolling on the ground is not allowed，it is essential to carry the crucible by vehicles.

（2）if 条件句的使用

例 21：如果几天不清灰会结成氧化物堵塞火枪口，很难清除。

If the ash deposits fail to be cleared, the incurred oxides will block the fire hole and difficult to remove.

例 22：如有以上异常问题不能解决，请尽快与我司联系，我司将热情周到为您服务。

If any above-mentioned abnormal problems cannot be solved, please contact our company as soon as possible, we will provide the warm and thoughtful service for you.

产品使用说明书的逻辑性强，有先后顺序，一个步骤承接一个步骤。如果用其他结构难免会因句子过长，引起逻辑混乱，或让读者很难找到其中的逻辑关系。在翻译汉语说明书时，用"时间状语从句"与"if 从句"可清楚明白地表达其中的逻辑关系。

2. 使用简单句

由于产品说明书最大的特性就是其实用性，所以，多使用简单的句子描述产品的特性，可以使读者快速了解产品的用法和注意事项。

例 23：绿色指示灯长亮，充满电指示灯熄灭。

The indicator light is green color, the green indicator light off means battery fully charged.

上述例子中英、汉两种表达方式都采用了简单句的表达方式，逻辑简单明了，清楚明白地将产品的用法展现给读者。

以上所示两种翻译原则均不是孤立存在的。在一篇好的中英对照的产品说明书中，译者需同时运用多种翻译技巧，且准确无误地掌握专业术语以及背景知识，才可以成就一篇完美的产品说明书译文。

二、商务合同的翻译技巧

（一）商务英语合同的文体特征

1. 实用

商务英语非常趋于实用性。作为英语的变体类型之一，商务英语的专门用途在于国际间的商务沟通和交流。因此，商务英语合同的文体特征与其他类型英语文体有很大的不同。商务英语合同的实用性很强，逐渐打破了外贸英语和外贸函电的狭小范围，开创了商务英语合同的新范畴。商务英语合同涉及电子商务、营销、国际贸易规则等很多内容。商务英语合同的内容非常清晰，有助于双方快速建立商务往来关系，并且能够就合作中的关键细节进行商讨，努力达成共识，促使商务活动的顺利开展。阅读者可以清楚地了解商务英语合同的写作意图，不会因为词汇的限定出现误解，所以，可以在很短的时间之内理解合同，并能够结合自己的合作对象，决定是否能达成合作。比如"We have two direct sales every month from Hong Kong to San Francisco."这样的表达说法就非常清晰，约定了销售的方式、频率以及出发点和终止点。

2. 格式简洁易懂

商务英语合同具有很强的实用性，因此其文本非常简洁，没有华丽的辞藻和复杂的格式。简洁的写作形式和语言结构体现出商务英语合同隐含的张力，有助于合同双方更方便地理解商务英语合同的内容，并且以此作为未来合作进程中的约束条件。商务英语合同表达的简洁性能够方便合同双方高效地沟通和交流，消除误解。商务英语合同的内容中不包括情感内容，只是客观地评论事物，讲究约定情形，比如，用 now 代替 at the same time 会更准确，更简明扼要地表达不同的约定内容。

3. 词汇的专业特征

商务英语合同上的词汇带有明确的限定性，均为法律范畴内的词汇。部分词汇虽然受到商务英语语境和跨国文化的制约，但仍然能够比较明显地体现出特殊的商务语义。翻译人员如果对商务词汇的语境有充分的认识，就不会对商务英语合同中的内容产生误会。为了避免特殊语义词汇和一般语义词汇出现混淆的问题，一些特定的合同限定表达慢慢在不同国家的商务英语合同词汇库中被限定下来。随着时代的变迁，商务英语合同的词汇中含有大量限定性的法律词汇，以便于传达双方合作的情感，促进商务运营合同的达成，避免在细节上出问题。部分商务英语合同内容可能会涉及一些专业领域，因此，合同中的行业术语必须非常规范。商务英语合同中如果出现专业词汇，比如，经济学、金融学、国际贸易等领域的概念和英语缩写的词汇，译者可以咨询相关专业人士。比如，在说银行余额时，可以用 bank balance 表达，此时 balance 不是"平衡"而是"余额"。

（二）商务英语合同的翻译技巧

1. 基于正向的修养

商务英语合同所涉及的双方既有合作的动机，同时也存在着一定的制衡关系。因此译者要善于利用正确的立场和观点，分析商务英语合同中的内容，确保翻译文本更为准确，并能够恰当地传递商务英语合同中原本所要传递的内容。

2. 基于高度的职业敏感度

在翻译商务英语合同的时候，译者一定要有高度的职业责任感和敏感度。商务合同的主体具有不同的职业性，译者要搞清楚双方的职业和身份，意识到自己在翻译的时候要保持敏感度。一般而言，译者应本着一丝不苟的态度，对于一些特殊的身份和职位，可勤学多问，事先准备，不能随意应对，更不能望文生义。由于不同国家在语言习惯和职业称呼方面有不同的说法，译者在进行商务英语合同翻译时，要弄清楚合同中的一些固定说法，不能草率行事，否则有可能会因为个别词语的翻译不当而产生经济损失。换句话说，商务英语合同的译者身上肩负着巨大的经济使命，其翻译所连接的经济职责较为复杂。所以，译者在翻译的过程中应该有特殊的敏锐感，既要听取他人的意见，又不能过于没有主见，应该对从事翻译的领域更加了解，并且能够很好地把握好翻译的"度"。

3. 要有较强的语言表达能力

虽然商务英语合同内容的语风是简洁的，但是表达出比较深刻的内涵。首先，译者要有扎实的汉语基本功，才能理解英语翻译成汉语之后的合理翻译结果，在进行商务英语合同翻译时摒弃一些语言的形象性因素，选择更加自然贴切的翻译方式；其次，译者找到精准的用词和正确的逻辑关系，保证商务英语合同的逻辑顺序准确，措辞符合合同的本意。译者只有有了扎实的基本功和较强的语言表达能力，尤其是英语语言表达能力，才能够举一反三，透彻地理解商务英语合同中英语原文的含义。当然，译者在平时要努力扩充与合同和法律相关的词汇量，并且扎实地学好英语语法知识，避免在合同的翻译中出现用词逻辑错误的问题。译者既需要忠实传达原文的意思，同时又应该使翻译结果符合读者的语意习惯，因此，译者较强的英语表达能力和扎实的母语基本功是必不可少的。

4. 借助翻译方法

泰特勒翻译"三原则"思想指出，商务英语合同的翻译译文一定要能够完全反映出原作者的思想，语言风格和笔调、笔触应该与原合同的内容性质相同，行文应该和原合同一样流畅，让读者阅读起来能够达到同样的约束效果。这就要求译者必须要有较强的知识水平和能力，不仅应该具备汉语和英语的相关知识，而且对于所翻译领域的专业知识也应该熟悉，比如，熟悉商务英语范畴内的固定用法、术语等。因此译者在进行商务英语合同翻译之前，首先要进行相关资料的搜集和选取，利用专业资料理解合同相关的知识和内容。这样做的目的是译者能够结合专业词组的习惯用法，将相关知识综合在一起，流畅地表达出所需要表达的合同文本。翻译之后的文本要符合翻译以前的原意，同时又能表达合同所约定的中心意思，既沟通了商务合作的本意，同时又彰显了不同的商务文化，体现了双方合作的诚意。翻译时常用的方法有功能对等、词量增减、重复翻译等。从一些商务英语合同的英语译本中可以发现译者在商务英语翻译时应谨慎，面对易混淆的词语要做到选词精准，考虑翻译双方主体的身份关系，慎重处理商务英语合同中的一些关键条款，对于限定的责任时间要精确雕琢。

三、科技文本的翻译技巧

（一）科技文本概述

1.科技文本

科技文本有着区别于其他文本的特征，如事实客观性、逻辑严谨性、内容准确性等，不需体现出语言的美感。科技文本的作用主要是传播自然科学或社会科学的知识技术，包括理科、工科、医科、农科以及社会科学等领域。科技文本首先需要清楚完整地传递文章内容，尽量做到让文章通俗易懂，不需要在文章中体现作者的情感。

2.科技文本词汇特点

科技文本中使用大量的专业术语。专业术语排斥多义性，一个术语在某个学科中一般只能具有唯一意义。如果一词多义，肯定会造成歧义，从而引起概念混乱，论点模糊。同一词语在不同学科中是截然不同的术语，如 seed 在植物学中意为"种子"，而在体育科学中则为"种子选手"；derivative 本是"派生物"的意思，在化学中指"衍生物"，在数学中为"导数、微商"，在商业中为"金融衍生工具"。

另外，一些科技文本词汇借助现代英语构词法，构成了丰富多彩的科技新词汇。这类词汇有的是将两个原有的旧词放在一起构成一个全新的词，如 heatwave（热浪）、fallout（放射性尘埃）、thunderstorm（雷暴）、splashdown（溅落）；有的是将两个原有旧词的头尾拼在一起构成一个新词，如 smog（smoke ＋ fog 烟雾）、medicare（medical ＋ care 医疗保健）、escalift（escalator ＋ lift 自动电梯）；有的是将词汇与某些特定词缀组合，如前缀 anti-，antimatter（反物质）、antiparticle（反粒子）、antipollution（反污染）；前缀 micro-，microwave（微波）、macrophage（巨噬细胞）；后缀 -logy，geology（地质学）、meteorology（气象学）、translatology（翻译学），还有一些常用的词缀如 aero-（空气）、bio-（生物）、electro-（电）、-mania（热）等。英语科技文章在词汇方面使用大量派生词，包括动词和形容词的名词化，即在动词后加词缀 -ation、-ment、-ence、-al、-sion 等构成名词，在形容词尾加 -ability、-ty 等构成名词。采用派生名词能够适当少量地在句子中添加各类从句，从而使科技文本更加精炼。

3.科技文本句法特点

科技文本在句法上有着不同于其他类型文本的特点。这些特点主要为：第一，科技文本的时态多为一般现在时，为一般性地叙述客观事实和科学定义或定理，无特定的时间性；第二，科技文本较多使用动词的非谓语式或非限定式，即现在分词、过去分词、不定式和动名词，这些非谓语形式在句子中可以做主语、宾语、表语、定或状语；第三，科技文本的句子多为被动句；第四，科技文本中多数句子的结构较为繁琐且多为长句和复句；第五，科技文本中主语表达多为 The author thinks that.../This paper presents...；第六，科技文本中大多数句子为完全句，长句子多于短句子，而且"it"常常作为一个句子的形式主语。

4.科技文本修辞特点

随着现代社会的进步和科技的发展，社会生产的速度有了提高，人类的生活质量得到了改善，科技类文章也不再像以往一样枯燥、晦涩、难懂。通俗的科技文章更多地使用简单易懂的词汇、句子向读者传递信息，同时也会运用一些普遍的修辞如比喻、比拟等，使得文章更适合大众读者。

（二）科技文本的翻译

1.科技文本的翻译要求

对于科技文本来说，译者必须要清楚准确地传达文中的科技信息，使译文无误解、误译。科技文本的翻译切记要达到以下几点要求：

（1）词义准确，用词精准

译者首先要弄清楚词汇在其涉及的专业领域内的特有意思。在翻译此类词汇时，要多多查阅与该领域相关的专业词典及有关资料，绝不能凭借自己的想法随意翻译。其次要严格按照该专业领域的表达方式和习惯。获得某词的确切含义后，应保持全文前后统一，不可同一概念、术语前后不一致，引起概念混乱。

（2）译文简洁规范

译文所采用的词语要简洁准确，句子结构要严谨完整，文章要通顺流畅。译文的语言、文字、术语、简称、符号、数据、公式、图表、语体、文章体例、计量单位等都要规范统一，符合有关国家标准和国际标准。

（3）译文具备"可读性"

译者在翻译时，要考虑语言差异和通用文体规范，不可以固守原文的形式，更不可以不重视读者的接受效果。翻译时的生硬措辞，会导致文章晦涩，读者难以读懂文章。这样的译文不仅没有准确地将文章内容传达给读者，甚至还会造成歧义。翻译科技文章务必要使译文具有可读性。译者一定要能够使读者读懂译文，以此获取英语文本作者想要表达的科技成果和科学信息。

2.科技文本翻译中的"口吻"

一般我们描述一个文本的"口吻",即指的是一个文本的语言风格、句式特点以及篇章结构等。在翻译科技文本时,译者必须要贴合整篇文章的"口吻",保证译文的语言风格、句式特点与原文相符,文章结构完整。

例24: Imagine being able to cure cancer by drinking a medicine stirred into your favorite fruit juice. Imagine a supercomputer no bigger than a human cell. Imagine a four-person, surface-to-orbit space no longer or more expense than the family car.

译文:想像一下,治愈癌症疾病,只需将药物放入病人喜欢的果汁,搅动一下喝掉即可。想像一下,一台超级计算机的体积居然小于一个人体细胞。再想像一下,一艘由地面发向太空轨道的四座太空船,在大小和价格方面都不会超过一辆家用小轿车!

首先我们看到原文连续使用了三个"imagine"作为句子的开头,阅读完原文后,我们能知晓原文在表达上有一定的递进性,所以译文在风格上需层层推进。

3.科技文本中被动语态的翻译

（1）被动语态的使用

英语的表达中的一些句子往往不阐明动作实施者或是没有动作实施者,这样的句子大多为被动句;有时为达到突出该被动动作或使叙述事实更加客观的目的,英语中也会使用被动句式。科技英语中的被动语态不仅强调了受动者,也可以使文章更具连贯,衔接更紧密。所以在英语科技文章中,存在人量的被动语态。

科技文本中大量采用被动语态句式是科技文本与其他文本的明显差别。科技文章的叙述要具备客观性,英语中的被动句式能很好地将作者想要凸显的主要概念、信息等放置在句子的句首,有助于吸引读者的注意,有利于读者更好地阅读文章。此外被动语态更有利于句子的扩展,可使句子结构调节的余地较大,可以大量使用名词化短语、定语从句或状语从句,有利于行文的衔接和连贯。

（2）被动语态的翻译

英语中采用被动语态的表达很普遍,而在汉语中,被动语态的使用相比较而言要少一些。因此译者在翻译科技文本中的被动语态时,要按照汉语的表达习惯做一些灵活处理。通常被动语态有下面这三种译法:

第一,将英语中的被动语态翻译成汉语中的主动语态。采用被动语态的句子中若缺少宾语则采用"被动变主动"的方法。

例 25：The spare parts can be produced in the short period of time.

译文：在短时间内可以生产出零件。

第二，将英语中的被动语态翻译成汉语中的被动语态。在翻译某些英语科技文本时，可用"可以"来代替译文中的"被"字。

例 26：The oil is used as perfume.

译文：这种油可以用来作为香水。

第三，采用某种特殊的方法消除原句中的被动语态。变动原句将其中的被动语态以非被动语态的形式译出。

例 27：One must remember that human beings also can only do what they are programmed to do.

译文：我们应该记住，人类同样也只能按照程序办事。

4.科技文本中非人称主语句的翻译

科技文本中的非人称主语句能够将文本中复杂的逻辑用较为简单的句式体现出来，将英语的形合句变为意合句。

例 28：Even though we dissolve the common salt in water, we cannot change its chemical properties.

译文：即使我们将普通食盐溶于水，也不能改变其化学性质。

在采用非人称主语句式后，原句消化了让步状语从句，变为 Even dissolution in water cannot change the chemical properties of the common salt. 在翻译时，需将原句中的让步状语翻译出来。

例 29：In particular, the introduction of high-yield rice in combination with expanded irrigation and a massive increase in the use of（nitrogen）fertilizers and pesticides has significantly improved crop yields.

译文：特别是推广了高产量水稻，扩大了其灌溉面积，极大地增加了（氮）化肥和杀虫剂使用量，使农作物的产量得到大幅提升。

原句中运用由复合介词"in combination with"串联组成的非人称主语表达三个状语性质的并列结构，需要依次翻译。

四、新闻文本的翻译技巧

（一）新闻英语的词汇特征

1. 善用短词

新闻英语标题通常使用短小精悍的词汇，这些词通俗易懂，较为生动，便于读者记忆，一旦在新闻英语中出现，就可以表达出特殊的含义，便于读者阅读。

例 30：Daily numbers of confirmed new infections are falling, but barriers stay up. (《经济学人》)

"stay up" 原意为 "熬夜，不睡觉"，在该句中引申为 "仍然存在" 的意思，原句整体意思为 "中国每日被确诊的人数正在不断下降，但是抗击新冠疫情的困难仍然存在"，"stay up" 这一短语简短有力地展现了当前中国抗疫所处的状态。

2. 善用缩略词

缩略词也叫首字母缩略词，也就是将多个词语的首字母相加合成一个词，并且全部用大写字母呈现，目的在于节省篇幅，使文章更为简洁。

例 31：

世界卫生组织 WHO（World Health Organization）

联合国 UN（United Nations）

联合国人口活动基金会 UNFPA（United Nations Population Fund）

国际货币基金组织 IMF（International Monetary Fund）

世界银行集团 WBG（World Bank Group）

世界知识产权组织 WIPO（World Intellectual Property Organization）

3. 善用趣味性强的词汇

英语新闻报道在崇尚新闻的纪实性、正确性的原则和前提下，灵活巧妙地运用一些词汇，增强文章的趣味性，从而更好地吸引读者。

在《经济学人》中，一篇标题为 "Discovering Twitter" 的文章吸引了人们的注意。众所周知，Twitter 这个社交软件是一直存在的，Discover 一词在新牛津词典中有（首次）发现的意思：be the first to find or observe 或 find something or someone unexpectedly，其意思肯定不会是（首次）发现 Twitter 这个社交软件。在政治新闻版面中出现了对于一款社交软件的探索，大大吸引了人们的注意力。原文中指出 2018 年 10 月中国外交持有的推特账号个数仅仅 17 个，然而现在却超过了 80 个，这些账号多用来赞扬医护工作者们辛勤的工作以及转发西方领导人对于中国人民的支持。同时，这些账号也用来抨击一些不实言论，如恐怖分子和企图分裂国家的言论。"Discover" 在这一版面中的意思为探索，表示对该软件的进一步使用进行探索。Twitter 这个社交软件很早就产生了，只是国内对这个软件的使用并不频繁。

4. 创造性新词的使用

创造新词在新闻英语也是较为频繁地出现。

例 32：On February 14th Beijing's city government said that people who enter the capital from any other province will have to self-quarantine for two weeks, Beijingers included. (《经济学人》)

本句中 "self-quarantine" 为复合词，意思为 "自我隔离"。面对新冠疫情，返京人员需要进行为期 14 天的自我隔离，这一词是面对当前新冠疫情形式应运而生的新词。

（二）新闻英语的句法特征

1. 新闻标题

新闻标题中常使用省略句。像冠词、动词、介词等常在标题中省略，既起到了节省版面的作用，又使文章文风简洁明快，使读者可进行快速阅读，而且能使读者确定是否对此部分感兴趣以及是否决定继续阅读此部分的新闻，节约了读者大量的时间。

例 33：Fiscal Policy, Not Fed, Is Best Virus Remedy (《华尔街日报》)

例 34：Precautions Help Japan Control the Flu (《华尔街日报》)

2. 直接引语和间接引语的使用

直接引语和间接引语的大量使用，既可增添新闻报道的真实性和生动性，又可显示其客观性。

例 35：直接引语: "I believe the coronavirus affected it in a good way, because people have become more careful about washing hands and wearing masks" Dr. Ohashi said. (《华尔街日报》)

例 36：间接引语: Shigeru Omi, a former World Health Organization official helping the Japanese government's virus response, said the connection between the public's heightened hygiene awareness and the drop in flu cases was plausible but not proven. (《华尔街日报》)

3. 多采用主动句式

大量主动句式的应用使新闻英语具有更强的表现力和感染力。

例 37：On Friday, Beijing issued its latest epidemic-control guideline in which it emphasized that anyone coming into the city from elsewhere in China must be quarantined at home for 14 days and called on residential districts to strengthen supervision. (《华尔街日报》)

例 38：Many Beijingers remain scarred by the severe acute respiratory syndrome, or SARS, in the early 2000s, and said epidemic-control restrictions were reasonable. (《华尔街日报》)

4. 多采用简单句

新闻英语多使用扩展的简单句较多，其方法是使用定语、状语、同位语、介词短语、分词短语等语言成分来扩展简单句。因此，英语报刊里经常出现一个句子就是一个段落的情况。而要把众多的信息包容到里面，在确保句式不过于复杂的前提下，作者只有大量使用或增加修饰限定词的数量。

例 39：Huguosi, a state-owned greasy spoon near government headquarters, recently pushed tables against the wall and posted a notice："For your health and safety，please do not sit face-to-face while eating." (《华尔街日报》)

（三）新闻文本翻译技巧

1. 对新兴词汇含义的理解

随着现代各种新的事件，新的思维方式的不断产生，各种各样新兴的词汇也随之产生，并开始被大量使用到新闻英语的撰写中。面对这些新兴词汇，新闻读者通常都没办法马上掌握该词汇所要表达出的确切含义。所以如果想要避免产生该问题，译者可以在这些新兴词汇的后面进行标注，在文章末尾对全文新兴词汇做汇总解释，让读者能够快速方便地知道这些新型词汇所要表达的内容含义。虽然该方式能够解决读者无法理解新兴词汇的问题，但是传统的英语词汇在不同的语义环境下所表达的意思也大为不同，就像汉语一样，一个词语通常都有多种意思。所以译者需要具体语义具体分析，避免读者对内容的理解产生歧义。

2. 注重新闻英语的标题

一个好的标题对于新闻来说十分关键，新闻英语也不例外，好的新闻英语的标题是对整体新闻内容的一个提炼，越是简洁的英语标题是越是吸引读者。好的标题不仅能够有效地概括新闻内容，还能够通过语言魅力去吸引更多读者的目光。所以英语标题的设定要考虑合理性、简洁性和真实性，如果翻译的内容是理论性或者是类似说明性的，那么译者可以将标题直接进行翻译即可；但如果直接翻译影响了原来标题所要表达的意思，那么译者就可以将标题进行适当的修饰，以新颖的标题来激发广大读者的阅读兴趣。英语表现的是形合语言的形式，相较于汉语的意合语言来说还是有一定的区别。所以译者可以在标题中采用一些俗语或者专业术语之类的词汇，来吸引读者。

3. 注重翻译内容，言简意赅

新闻英语在追求内容真实性的同时，要注重通篇文章的内容长短。人们通常不太喜欢阅读长篇大论的报告，若是译者对新闻内容采用一一对应方式的翻译，会导致新闻通篇报道过长，而一般新闻版块的范围是有限的。因此译者要考虑到该因素，在简明内容的同时，保证内容表达的完整性，不能为了简化翻译而忽略其他内容的表达。越是简洁的内容越是能够吸引广大读者。因此译者在对内容进行翻译时，可以对内容进行概括，采用规划法对内容进行翻译，并且通过释译对专业术语解释，使内容更加通俗易懂。这样的方法也能够减少译者的翻译量，提升其翻译效率的同时也提高了新闻英语的可读性。

4. 注重汉语和英语的结构对比

21 世纪以来，中国的综合国力不断上升，国际影响力也在不断加强，汉语在国际上的使用也越来越广泛。因此在新闻媒体传播方面，关于中国的报道也在日益增加。新闻英语的内容相比于汉语来说，一般都比较长，并且相对复杂。所以在英语文章中，最常见的就是长句子。汉语和英语还是有比较大的区别的，英语需要靠从句或者关联词等将各句子或词汇链接到一起，而汉语则通过语序以及内在逻辑及整体结构来将句子链接。所以两个语种还是有着较大的区别的，正是因为这种区别，译者在对内容进行翻译时候就需要对句子的结构进行调整。

所以在新闻英语的翻译中，译者要从本质上抓住新闻英语的几大要素，保质保量地做好新闻英语内容的翻译。在翻译内容的时候可以将英语和汉语进行对比，这样能够更好把握新闻英语的内容，更好地了解新闻英语的要意，更好地提升新闻英语的翻译质量，从而吸引更多的读者。

5. 英汉句式结构的灵活使用

通常情况下，英语文段在表达的过程中，会出现一个单独的句式，同时具有修饰的成分。尽管在新闻稿件中，英语文段所修饰的成分会大大缩减，但是在整体的语境情况下，这种表达模式已经成为新闻英语的主要形式。因此，在对类似文本内容进行翻译的过程中，译者需要做出必要的调整，在对句式结构进行分析的同时，要灵活应用英汉句式结构。而英语向汉语转化的过程更多的是对词语内容的翻译，译者在对语义进行翻译的同时，不仅要兼顾其原始意思，还要通过音译和意译的灵活调用分析在该语境中的含义，使其更好地表达整体的新闻意境，完成对新闻的描述，避免直接的音译或意译对整体新闻内容的解读产生负面影响。

在英语的表达方式中，时态是最典型的一个条件，新闻英语的内容需要与新闻的时间性特征合理地结合在一起，一同构建新闻英语内容的表达方式。译者在进行翻译时，要对新闻英语时态的内容加以重视，在面对这类新闻内容表达过程中，需要对翻译的原文稍做调整，尽可能在时态语境背景下，为读者带来全新的阅读体验。汉语中的四字成语博大精深，是中华民族经过长时间的积淀流传下来的，是我们日常用语的一部分，体现着中华民族的集体智慧。汉语四字格言简意赅，虽然只有短短的四个字，但是都形象生动且整齐均匀。这用于新闻英语翻译最合适不过了，四字格的应用能够让语句的结构更加紧凑，不仅能够准确形象地表达原文的意思，还能够让译文更加简明，更加有力。

在应用方法上，英语结构大多呈现出树式结构，并具有散分的特点；而汉语结构大多呈现出竹式结构，具有紧凑的特点。英汉之间呈现出差异的思维模式，因此译者在理解这种思维模式后，需要对语义内容进行调整，使其句式结构得到优化。

五、广告文本的翻译技巧

（一）广告翻译中存在的问题

1. 广告语言欠准确

广告语言最重要的是让受众通过广告传达的信息记住、接受产品。广告翻译最重要的是让译文符合目的语文化背景，从而得到广泛认可。因此，广告翻译所使用的语言就必须要准确、生动，甚至要符合目的语的文化背景。然而目前市场上很多广告译文没有做到这一点，影响消费者对产品的认知和接受。例如，白象在中国是"吉祥如意神圣"的意思，所以中国白象电池的广告直接翻译为"White Elephant"，而"White Elephant"在国外很多文化里都有大而无用的意思，因此这则广告的翻译非常失败。所以广告语言最重要的一点应该是准确。

2. 广告翻译缺乏美感

广告作为一种重要的商业交流语篇，目的是吸引消费受众，所以应该极具审美元素。一则优美经典的广告往往蕴含巨大商机与效益。因此，广告翻译的优美性对增强广告宣传的效果十分重要。然而一些广告翻译中的翻译痕迹太浓，使译文表达生硬，失去了广告应该具有的美感。如广告："I hope that you can get as much pleasure out of buying them as I get out of advertising them."有译者将其翻译为：我希望你能从买东西里得到和我在为这些产品做广告时得到的同样多的乐趣。这个翻译冗长生硬，晦涩难懂，让消费受众不知所云，完全没有审美体验。所以成功的广告翻译应该具有审美的保留和创造。

3. 广告翻译的语言缺乏创造力

翻译也是一种创作。广告翻译同样不是语言同义词的对等置换，需要根据实际情况进行创造或创作，所以译者必须注意广告语言的选择。广告语言的种类众多，其中描述性的广告是最难翻译的，因为描述性广告的语言更加冗长乏味，很难吸引异域文化的消费者。所以译者可以创造性地利用其他的广告语言形式来进行广告翻译，尽量使得广告语言具有更强的吸引力。

4. 译者缺乏情感传递

广告非常强调受众的接受效果。只有在广告语和消费受众达到情感共鸣的情况下，广告才真正地起到作用。广告翻译尤其如此，需要通过"以情传意"来吸引消费者，打开产品的销路。因此广告翻译应该加入适当的具有感情色彩或能引起受众兴趣的语料，旨在建立产品与消费者情感共鸣的通道，让消费者对产品感兴趣，进而逐渐认可产品，加大其购买力度。比如，"黑人牙膏"的英语翻译是"Darlie"，在英语中有"心爱的，可爱的"意思，这种翻译很容易让消费者产生亲近感，从而达到吸引消费者购买的目的。而它的英语如果翻译成"Dark Man"，会失去原有的意义。

（二）完善广告翻译的策略

1. 注意广告语言的特点

广告是一种非常特殊的语言。广告的目的是吸引并说服消费受众，接收信息，认可产品。因此译者在进行广告翻译时要注意尽量使广告语言，其中一个重要的策略就是注意语言的审美，如音美，即语音给受众者带来听觉上的美感；其次是建筑美，即广告语言的格式给受众呈现耳目一新的感觉；再次是意境美，即广告背后的承载的意义美；最后是意象美，即语言呈现的词在受众者脑海里呈现出对应的具体意象，形成客观情感。这些审美的要求使译者既要非常熟悉目的语，还要非常熟悉广告语的特点，给译者提出了新的要求。另外，有的修辞也会给广告翻译锦上添花，如语意双关、用典、甚至反讽等，都会使广告语言于平淡中出新奇。总之，译者广告翻译中不仅应该在形式上保持目的语的审美特点，还应该注意广告语言的特殊性。

2. 熟悉广告翻译材料

成功的翻译从来不是简单的词与词之间的交换，而是需要译者对翻译题目、材料甚至相关信息进行深入了解。广告翻译也是如此，成功的广告翻译，首先要求译者熟悉翻译材料，明确该广告的消费受众，包括受众者的教育、年龄、性别等，只有对受众者或潜在顾客群非常熟悉，才能选择恰当的词语。其次，还应该注意译语广告的语体特征。译者在进行广告翻译时，应该明确翻译材料的风格属于何种语体，是正式的还是非正式的，是文艺类还是科技类等。广告翻译中的译文语言一定可以通过语体标识词反映出广告的语言形象，给受众者带来感官刺激，留下深刻印象。总之，译者只有非常熟悉翻译材料，才能够进行准确而出色的翻译。

3. 明确广告翻译目的

翻译目的论指出，翻译应注重译文读者的感受，迎合消费者心理，广告翻译尤其如此。广告翻译最重要的作用就是向受众传达信息，让受众者接受信息，认可产品。因此在广告翻译过程中译者应该着重从接受者角度出发，按照接受美学的理论来讲，应该考虑期待视野和读者审美。因此译者既要迎合广大潜在顾客的文化背景、价值取向以及心理状态，还要根据受众者的审美标准来对广告翻译进行必要的调整，如长短句的变化，套话的增减，文化传统的渗入等。但是同时译者也应该注意保留商品的一些重要信息，如商品的性能指标、价格、产品数据等信息。总之，在广告翻译时，以打动受众者为目的，充分考虑受众者的期待目标和审美特点，对于高水平的译者来讲非常重要。除此之外，译者还应该对目的语国家的市场情况有所了解，包括政治、经济等因素，不应该拘泥于字面意思，不应局限于归化或异化等理论，应该博采众长，为我所用，只要能提高翻译效果，都应该大胆尝试。总之，译者应该积极进行各种广告翻译的实践，通过大量的实践，找到适合自己的翻译模式，形成自己独特的翻译风格。

六、法律文本的翻译技巧

（一）法律英语词汇的特征

要了解法律英语在实践中的运用，首先要对法律英语的语言特征有较为全面的理解。在法律英语中最基础也是最重要的当属词汇和句子。所以，我们首先来分析法律英语词汇的特征。

1. 古英语和中古英语中的古体词特征

法律英语作为高度严谨、正式的语言，和普通的语言有一定的差别。虽然在普通书面文件中已经很少有这种古体词的存在，但是在法律英语中还有其独特的用法。这可以从法律英语发展的历史根源进行追溯，由于法律英语在长时间的使用过程中，已经被大众所接受并得以保留，在法律的发展进程中，古英语和中古英语的存在使得古体词的发展在此领域得到保留。例如，在英语中比较常见的副词"here""there""where"等在法律的运用中被当作前缀来使用，它们会与另一个不同的词组成法律中的专业用语，以避免句子的重复拖沓。例如，在 here 后面加上介词，有 herein（其中）、hereto（至此）、hereinafter（在下文）、hereinbefore（在上文）等；在 there 后面加上介词，有 thererin（其中）、therefrom（由此）、thereto（在那里）；在 where 后面加上介词，有 whereof（关于那个）、whereby（靠那个）等。这些古体词有着和法律一样严谨、庄重、正式的特征。在法律英语翻译的过程中，译者只有掌握了此类古体词的含义，才能把各类法律文本翻译得透彻和清晰。

2. 近义词的并用

法律英语中近义词的并用能够使得该法律规定显得有层次和语气上的递进。译者在翻译的过程中，切记不能拆开分别翻译，因为这样会破坏法律应有的意义。例如，并用的近义词有 losses and damages、fair and reasonable、legal and binding 等，此类近义词的并用是法律英语独有的特色。

3. 使用模糊性词语

虽然在法律英语的翻译过程中，把法律英语翻译得清楚明晰是译者应该遵守的第一大准则，但是随着社会的不断进步和发展，越是清楚明晰的词语，它所表达的范围就被限定得越小，它们并不能满足社会不断发展的需求。因此，在翻译的过程中，译者要做到把文本翻译得准确，以便法官在工作中能绝对地照着法律文本去处理案件。但一些民事或其他裁量权较大的案件会出现不公平的现象，对此，我们要允许法官依照内心真诚的法律信仰以及诚实守信的原则来判案。这就决定了立法工作者在立法的阶段就要适当地在某些法律语言上做模糊处理，使大量的解释进入司法程序中可做文意解释、历史解释、缩小解释、扩大解释等，以帮助法官更好地处理案件。例如，对一些罚款金额的范围，法律规定得并不是那么明确，具有模糊性和宽容性。

4. 使用拉丁语、法语、西班牙语等外来词汇

谈到法律英语为什么会使用法语和拉丁语，这就要追溯到普通法和罗马法的法律文本。因为罗马法的载体是拉丁语，在"诺曼征服"中，英国人受了法国人很长时间的统治，所以才会有法语进入法律英语的现象。例如，拉丁语"de facto"表示"实际上存在的"；再如，prima facie（初步的）、status quo（现状）、ab initio（从头开始）等，这些外来词具有自己独特的意义。因此在法律英语的翻译中，译者应该尊重历史。

5. 大量使用具有法律专业含义的词语

法律英语的源头就是法律，这是它的根本特征，因此，专业的法律术语与其他普通词语在翻译中有一些不同的地方。例如，在合同法中，出现了大量的法律专业词汇：legal person、party to a contract、valuable promise、unencumbered title、incidental damages、consequential damages、unconscionable contract 等。这些词汇是合同法中出现的具有法律意义的专业词汇。这些具有法律专业意义的词汇在翻译中与其他的普通词汇相比，会显得更加的专业和严谨。

在法律英语的翻译过程中，最基础也是最根本的当属词语的运用。因此，译者只有掌握了法律英语词汇的特点，才能更准确地翻译出它所要表达的意思，这是法律翻译者的基本功。

（二）法律英语的句法特征

1. 使用长句、复杂句

法律英语运用的最多的当属长句和复杂句，因为只有长句和复杂句才能表达出法律覆盖的含义，突出其准确性和严谨性。

例 40：If either party fails to perform its obligations under the contract or fails to fulfill the obligations in conformity with the terms of the contract, the other party shall have the right to demand compulsory performance of the contract or take remedial measures and shall have the right to claim compensation for losses.

2. 使用被动句

法律英语常使用被动句，使其文本不带有严重的感情色彩，代表着法律的客观和规范。因此，在法律英语翻译中，译者特别要注意对被动句的翻译。

3. 使用陈述句和完整句

由于法律代表着威严和庄重，所以在法律文本的使用过程中法律工作者要尽量使用陈述句和完整句，尽量不带有感叹句、疑问句等。

（三）法律英语的翻译原则

法律英语的翻译是一种伴随多学科的翻译。在翻译过程中，译者不仅要达到专业的英语水平，还要具备扎实的法律知识，同时还要了解在具体情况下应该结合怎样的实际情况来进行符合现实的翻译。译者不仅要翻译实体法的内容，还要注重对程序法的转换；涉及金额的时候，要注重对金额的换算；还要注意不同法系、文化差异所带来的思想转变。

1. 精确性原则

法律英语翻译第一个最基本的要求当属准确性，只有在准确性的基础上才能进一步扩展法律含义。如果由于译者的失误导致法律文本出现了偏差，那么有可能会给当事人带来巨大的损失。

2. 简洁、清晰原则

法律翻译并不需要带有太多的感情色彩和因素，毕竟法律文本需要通过简单的语言表达出法律含义。法律是一门实用性很强的学科，因此，译者要考虑到它的受众面，在翻译法律英语的过程中，要尽量地做到让译文既简洁又清晰，让法律文本发挥出它应有的价值，帮助当事人更好地理解其含义，从而更好地丰富我国的法律知识，使得我国的法治现代化拥有坚实的理论基础。

3. 前后一致原则

对于同一个词的使用，英语会用同义词、近义词、代词等来代替，而汉语则会用同一个词表达相同的含义，这就是为什么在英语中总会出现大量的状语从句、定语从句等多种句式的表达手法。法律文本具有特殊的含义，所以在翻译过程中，译者应该使前后用词保持一致，这样才能避免产生歧义。

（四）法律英语的翻译技巧

在法律英语翻译的过程中，译者还应该掌握一定的翻译技巧，只有在既遵守原则又懂得技巧的基础上，才能更好地翻译切合当事人利益需求的法律文本，这是判断一个优秀的译者的基本要求。所以，法律英语的译者应该掌握一定的翻译技巧。

1. 善于运用法律资源，提高自身的翻译水平

当今社会的科技水平正在不断地提高，数字化涉及的领域相当广泛，其中针对法律英语出现了一些网站、App 等。应用一些经典法律翻译词典也是很有必要的，这些英汉法律词典的运用会完善译者的专业知识，为其翻译工作打下坚实的理论基础。所以，要想成为一名优秀的法律英语译者，我们要善于运用到身边的有用资源，掌握翻译工作中必不可少的收集资料和运用资料的技能。

2. 围绕当事人的法律关系展开

法律文本有自己的规律，如在一个民事法律关系中，有原告、被告、第三人等法律人物；在刑事法律关系中，有犯罪嫌疑人、被告、受害人、证人、鉴定人等多种诉讼参与人。所以，在翻译的过程中，译者要先理顺一个案件中的法律人物，清楚他们之间的关系，在此基础上，更好地理解要重点翻译的部分。译者如果对法律关系掌握得不透彻，那么有可能在翻译过程中张冠李戴，导致翻译错误。

七、旅游文本的翻译技巧

（一）旅游文本的相关介绍

旅游文本是一个比较系统的概念，涉及的内容很多，不仅包括旅游广告、旅游行程表和相关的景点介绍等，还包括合同、手续等文件。旅游文本大体上可以分为三大类：第一类是信息型文本，这类文本主要侧重对信息的客观传递；第二类是表达型文本，这类文本强调文本美学信息的有效传播，语言表达形式是其关键；最后一类是诱导型文本，此类文本主要是为了吸引读者，比较注重文本的感召力，希望可以诱发读者的行动欲望。

（二）影响旅游文本翻译质量的主要因素

旅游文本翻译的受众主要是外国游客。译者如果想要达到翻译的理想状态，就需要了解影响旅游文本翻译的因素。旅游文本翻译质量的影响因素主要包括语言和文化这两方面。

1. 语言因素

受中国悠久的历史和文化影响，汉语旅游文本在文字表达上会带有古典山水诗词的影子，经常会出现对偶平行结构，并且习惯使用四字结构来对景点和景观进行介绍，这样的表达能呈现出一种诗情画意的审美效果。但是，这样的汉语表现手法不适合出现在英语旅游文本中，因为英语旅游文本和汉语旅游文本追求的效果不同，英语旅游文本追求的是信息的一目了然，比较侧重信息的准确性以及语言的实用性。在阅读完旅游文本信息后，读者就可以对旅游景点有一个直观的印象。综上可以发现，汉英旅游文本在语言结构特点方面存在较大差异。译者如果在进行汉英翻译时一味追求贴近原文，则可能会给外国读者造成理解障碍，自然也不可能起到吸引游客的作用。

2. 文化因素

英语文化和汉语文化之间存在着巨大的差异，在一定程度上给实际的旅游翻译工作造成了一些困难，给译者带来不小的压力。这种压力主要体现在以下两点：

第一，中英语化之间存在文化冲突，这种冲突使得词汇空缺现象和词汇冲突矛盾频繁出现，加大了翻译工作的难度。在我国的称谓体系中有叔叔、阿姨、伯伯、伯母、舅舅、舅妈等称呼，但在英语中，这些称谓的对应词只有"uncle"和"aunt"。

第二，某些汉语词汇虽然可以在英语中找到与之意义相近的词汇，但是这些看似对应的汉英词汇有时在隐含意义和联想意义上具有很大的差异。以动物词汇为例，"龙"这一神话形象在中国象征着"吉祥"和"至高无上的权利"，古代皇帝的龙袍要绣有龙纹，以示尊贵。但是"龙"在英语中有"不祥"的意义。除了动物之外，"柳"和"菊"等植物在中英语化中的联想意义也存在表同质异的问题。基于此，译者如果想要提升旅游文本的翻译质量，就必须要克服文化背景方面的障碍，采用多元化的翻译手段，充分考虑文化和语言的差异，只有这样，才能体现旅游文本翻译的价值，达到旅游文本翻译的目的。

（三）旅游文本的翻译原则和技巧

1. 翻译原则

（1）目的性原则

目的性就是指译者在进行旅游文本翻译时要明确翻译目标，知道翻译是为了什么。旅游文本翻译最主要的目的是吸引游客，让其对文本中介绍的景点产生兴趣。基于这样的目的，译者就要合理选择翻译手段，让读者可以通过翻译文本快速掌握旅游的重点信息，并产生兴趣。

（2）连贯性原则

连贯性是旅游文本翻译的核心原则。译者在进行旅游文本翻译时，要保证目标文本和原文本的一致性，因此在翻译旅游文本时要结合目的语文化习俗，尊重外国游客的语言和思维习惯，将原文本的信息内容尽可能全面且精准地呈现给读者，方便外国游客快速接受。同时，译者还需要注重译文情感和文化的连贯性，让译文的感染力和原文保持一致。

（3）忠诚性原则

忠诚性原则就是指译者翻译出来的信息必须要和原文内容相一致，特别是在翻译关于信仰等方面的内容时，译者一定要秉持翻译的忠诚性原则，只有这样，译文才可以吸引更多游客来中国旅游，实现中华文化的有效传播。

2.翻译技巧

（1）明确翻译旅游文本的目的

旅游文本不单是旅游景点的介绍，其主要目的通常体现在这两个方面：第一，吸引游客。旅游文本翻译可以加深外国游客对中国景点的了解，让更多的外国游客喜欢上中国，吸引更多人来中国旅游，从而推动中国旅游产业的发展，为国民经济取得实质性进展奠定基础；第二，弘扬中国文化，展现大国风范。通过阅读旅游文本，外国游客可以感受到中国文化的独特魅力，这有助于在外国游客心中树立中国的大国形象。基于此，在实际的翻译工作中，译者需要全方位了解外国读者的实际需求，翻译出来的旅游文本要容易被外国读者所理解和接受。译者在翻译时要遵循外国游客的阅读习惯，切记不可一味追求信息的灌输，而是要加强对旅游文本功能的展现，将汉译英工作的实际效用发挥出来。

（2）省略翻译

在旅游文本翻译中，信息传递的精准性十分重要。基于此，为了吸引更多的外国读者，译者需要对旅游文本信息进行准确传递，在某些情况下译者可以酌情对原文本进行合理删减，以达到契合外国游客阅读需求的目的。

（3）增补翻译

中国文化源远流长，许多汉语旅游文本包含一些文化和历史信息。在进行此类信息内容的翻译时，如果译者只对原文进行简单的直译，游客可能就无法体会到原文所含的文化背景，有些情况下还会产生一定的误解。基于这样的情况，译者要合理使用增补翻译的手段，对翻译内容的深层内涵进行全面阐释，帮助读者感知旅游景点的文化价值，激发读者的旅游欲望。以一些带有名人的景点介绍为例，很多外国游客对中国的历史文化名人并不了解，如果译者在翻译人名时只进行简单的音译，那么外国游客可能会感到一头雾水，如果翻译不恰当，还会产生误会。因此在对带有名人姓名或头衔的景点进行描述时，译者要对该名人的背景信息进行重点注释，以方便外国游客理解。

（4）采用多元化的翻译手段

随着我国对外交流的逐渐增多，英语翻译在其中也发挥着举足轻重的作用。在交流和合作中各国的民族文化和语言表达等有所不同，逐渐形成了国际交流的多元化特征。因此，想要加强各国间的交流，译者在英语翻译中也要注意语言文化的多元性。汉英翻译涉及的内容很多，对翻译人员的综合文化素养有较高的要求。所以译者只有充分尊重各国语言文化的多元化，才可以保证翻译的质量。

八、物联网文本的翻译技巧

（一）物联网文本特性

物联网文本的基本功能是负载物联网各种内容，叙述物联网活动事宜，传递物联网信息。物联网文本属于信息类文本，以信息传达的真实性和精确性来反映其文本的核心内容。物联网文本涉及物联网科技、物联网管理和物联网实务等多方面内容。物联网在发展过程中形成了特有的文本特征，体现在词汇上：力求表达清晰，词语选用精确，表达专业，简洁明了；体现在句式上：结构精炼，风格简约；体现在语篇结构上：逻辑性强，客观严谨，规范理性。

1.跨领域性

早期的物联网是以物流系统为背景提出的，以射频识别技术作为条码识别的替代品，实现对物流系统进行智能化管理。当今，随着技术和应用的迅猛发展，物联网文本不光涉及物流领域的专业表达，其内涵也发生较大变化，可以说物联网渗透到人们日常生活的方方面面。大数据、人工智能的出现帮助物联网实现人与物、物与物之间更广泛深刻的联系，如城市管理、智能教育、智能医疗等。因此，表达物联网活动内容的物联网文本体现出明显的跨领域特征。

2.专业性

物联网是信息领域的一次重大发展。物联网文本表达物联网领域的活动内涵，具有很强的专业性。物联网文本含有很多纯专业词汇和半专业词汇，其中纯专业词汇是物联网领域内的专业表达，而半专业词汇则是指与不同的词语搭配或在不同的上下文语境中具有不同的含义。

随着物联网技术的高速发展，科学技术的新概念不断产生，许多新生词汇也就应运而生。新的概念一般通过两种方式实现：一是借助外来词汇创造新词，在引入专业技术的同时也扩充了专业词汇；二是对原有词汇的概念外延，这种外延是指在词汇基础含义的范围之内结合语言情境进行延伸。当然，由于当下学科交叉性和物联网的跨领域性，物联网英语文本增添了许多其他专业和领域的特殊表达，从而使物联网英语的专业化程度更高，表达方式更加精确。

3. 规范性

物联网英语的规范性是指译者在涉及其相关领域的科技成果及其英语表达时，遵循物联网领域内的基本表达要求，按照行业标准使用专业术语和表达。词汇表达讲究术语化、书面化、国际化，从而使思想内容与表达方式切合严谨，体现科学技术的严谨性和思维的条理性。物联网英语表达规范准确，尤其是在涉及量词表达上。同时，物联网英语包含较多缩略词，缩略词的实行为制定行业标准提供了便利。物联网文本中常常包含软件、设备、技术或系统名称等，这些缩略词属于国际通用。物联网文本中使用较多缩略词的目的是使行文更加严谨规范。例如，IP（Internet Protocol 因特网协议）、IoT（Internet of Things 物联网）等。

（二）翻译技巧

物联网英语形式多样，内容复杂，涉及多个学科、多项技术，其中不乏高尖端科技领域。译者不可能掌握各个领域内的所有专业术语，所以会出现词语含义误译、差译的问题。因此，在这种高科技、跨领域的文本的翻译过程中，译者首先应该采取严谨、缜密的态度，对专业词汇进行查证、考究，咨询专业人士，不可贪图省时省力，按照自己的想法望文生义，简单操作。同时，合理使用翻译工具，善于查找字典，查找权威、官方的文件、材料中的规范表述。由于物联网与很多领域交叉，译者需要很多学科领域的专业词典，比如，《微软英汉双解计算机百科辞典》《英汉云计算·物联网·大数据辞典》《现代物流实用词典》等。

1. 语境分析

语境中的各部分语言搭配是词语产生歧义的重要原因之一。具体的语境可以帮助译者消除由语言本身和人类思维导致的语言模糊性，因此译者要对词语的正确含义进行详尽的分析，提高翻译的准确性。由于物联网英语的宽领域、跨学科特征，一词多义现象时有发生，导致两种语言不可能完全对等。不管是一词多义还是同义词，译者对文本中意义的确定和词语的选择是首要问题。只有把物联网专业词汇置于具体上下文语境中，在理解原文意义的基础上，对词义进行仔细的甄别，译者才能对词语做出准确选择，并进行精确的译文表达。

2. 逻辑梳理

中英两种语言相较而言，英语语言结构在表达方式上逻辑关系更加明确。物联网文本注重事实与逻辑，概念明确清楚，逻辑关系清晰突出。译者在物联网文本英汉翻译时要注意梳理句子之间的逻辑关系，正确使用语法知识分析句子结构，使译文符合专业表达习惯，体现其科学、准确、严谨的特征。

另外，词汇翻译的逻辑性与语境关系密切。词汇置于特定的语境之下往往产生较为固定的语义。因此，译者在翻译过程中对源语文本词法和句法的逻辑进行分析，可提高翻译的准确性。

3. 与时俱进

随着科技的发展，时代的进步，语言会不断地发生变化。旧事物与新事物之间的表达存在一定的关联性，在结构上也有很大的相同点。仿照旧事物的英语表达方式，译者可以确定与之相关的其他词汇的具体意义。物联网技术日新月异，相应的物联网词汇也会不断地增加和更新。译者要具备与时俱进的翻译态度，将自己的词库及时进行更新，以适应最新时代的要求。由于物联网文本的严谨性和简洁性，加之有关技术的发展，使其词汇的更新出现一定的规律性。译者在翻译时可以根据已有译法进行类比翻译。

第六章　当代翻译理论教学中的有关问题

本章主要分为翻译理论教学的影响因素、翻译理论在翻译教学中的作用、翻译理论在翻译教学中的实践应用、翻译理论教学中跨文化意识的培养四部分。

第一节　翻译理论教学的影响因素

一、学生因素

（一）智力因素

1. 观察力

学生要学好翻译，必须有良好的语言观察能力。然而，一些学生由于英语基础薄弱，运用语言的经验不足，他们的英语语言观察力与自身所具有的一般观察力之间有很大的差距。在英语课上，我们经常见到，具有良好语言观察力的学生能够提出其他学生没有注意到的、值得深思的语言问题，这对他们掌握翻译起着基础作用。

2. 记忆力

记忆活动在翻译学习中也占有非常重要的地位。在教学实践中，我们发现学生在识记语言项目时所喜欢采用的记忆方式不尽相同。有的学生在学习时往往过多依赖自己的视觉；而有些学生则能充分、有效地运用听觉，通过耳听来识记语言项目，获取语言能力；还有一些学生是通过将识记和行为活动联系起来达到有效记忆的。当然，把几种记忆方式结合起来的情况也是很常见的。具有较强听觉记忆能力的学生对他们所识记的材料并不只是依赖其听觉，但在某一特定的情况下，他们或许不知不觉地喜欢通过听觉获取语言信息。

（二）非智力因素

1. 学习动机

学习动机是直接推动学生学习的内部动力，是学习活动顺利进行的重要支持性条件。影响学生翻译学习动机的因素有客观的，也有主观的，其中社会条件和需求起决定性作用。学习动机的稳定性和持久性主要取决于社会对翻译人才的需求。影响学习动机的主观因素是学生的学习效果。英语基础薄弱的学生，容易旷课或上课时坐在后排。学习的功利性目的使学生擅长钻研考试技能，而忽略了自身实践能力和知识延伸的培养。学习缺乏兴趣和动力导致学习节拍和进步速度缓慢，自我要求只停留在不挂科的现实基础上。研究表明，成绩较好学生的学习动机有较高的稳定性，成绩差的学生，其学习动机有较强的情境性。

2. 学习兴趣

有研究结果发现，低年级的学生对翻译学习的兴趣比较浓，随着学习的深入，其兴趣也越来越低，这种状况应该引起教师的足够重视。学习兴趣是推动翻译学习的内在动力，一个学生只要对翻译产生了兴趣，他就能自觉地、主动地去学习，就不会感到学习是一桩苦差事，是一种负担。否则，即使有再好的师资、教材和教学环境，也无济于事。

3. 性格

性格会影响学生的学习方式。性格外向者对学习新的难度较大的教材感兴趣，课堂上积极回答老师的提问，但课后不愿认真复习，写作业比较马虎；性格内向者在课堂上反应较慢，遵守纪律，课后花时间复习，写作业比较认真；性格独立者爱参与竞争性学习；性格服从者常等待老师布置，依赖同学帮助。因此性格也作为动力因素影响学生学习的速度和质量。

二、教师因素

（一）教育背景

教师是课程的设计者和实施者，是教育的载体。教师教学能力的差异引起教学效果的差异。不同的教师有着不同的教育经历包括英语本科、硕士、博士，二外进修，辅修心理学、教育学等相关专业，出国求学经历等。

（二）责任意识

教学责任意识是教师对教学责任的认知和情感。教学责任的认知包括教师对教学责任是什么，自己的教学能力能否承担好教学责任等问题的认知；教学责任情感是教师承担教学责任时的情感体验。

教师责任意识的主要表现有热爱教学工作、关爱学生、关心学生前途、课堂教学的高度负责感、对自身各方面素质的严格要求等。

（三）沟通能力

学生对教师的印象或评价直接或间接地作用于学生对教学内容的抵触或接受的程度。如果一位学生英语基础差、胆怯或缺乏自信，在英语翻译的课堂表现不理想，话语结巴，思路不清的时候，教师不应给学生泼冷水，而要积极地鼓励学生战胜胆怯和困难，让学生看到进步的希望。课后多与学生交流，了解他们在学习、生活方面遇到的难处，尊重爱护学生，将学生当亲朋一样看待，拉近和学生的距离。

（四）表达能力

表达能力分为书面表达和口头表达能力。书面表达能力包括教师板书字迹是否流畅易懂，板书内容是否有层次逻辑，板书是否详略得当。口头表达能力包括英语发音纯正与清晰、语速停顿、重轻音的抑扬顿挫、字母的连读、英美式发音技巧等。

（五）分析能力

影响课堂教学效果的因素很多，包括学生的个体性格、接受能力、学习态度等。对于不同的学生个体、英语基础水平、班级整体情况等，教师应认真分析，对症下药，找到最佳的教学方案，因材施教。

教师、课堂教学行为、学生学习成就、学生自我发展之间构成有机的复杂体系。单一制度化的教学只会限制学生自我选择、自我发挥的空间。课堂应该是挖掘学生潜能的桥梁，而不是教师单向性的支配。教师授课语言应清晰精炼、重点突出、逻辑性强，通过思维的提炼使学生领悟真谛，然后激发学生的求知欲。

通过"问题式"教学法带领学生探求知识的奥秘；通过问题讨论引导学生自我挖掘，相互借鉴、看齐；通过课堂实践练习，让学生体验劳动成果的喜悦，同时，也反馈出教学效果的信息。通过传授—激励—参与—自我实践—比较分析—

改进和肯定使教与学相得益彰。在课堂有限的时间和空间里，教师应该激发学生更多的发展潜能。有效学习必然是自主学习，有效教学也就是培养学生自主性，这是任何课程和教法的出发点。

（六）教学方法

教师充分了解和利用学生原有的认知结构，通过渐进、分解和综合系统地画出知识结构的层次性和整体性。翻译技能和基本理论的掌握使学生可以迅速突破英语翻译时的瓶颈，豁然开朗。翻译的技能包括译词法、代替法、缀合法、释义法、还原法、融合法、新词译法、长短句分切整合、词语增补与省略及重复、句子重心和层次转化等。增补翻译可分为概念、结构、逻辑、修辞的增补，如结构性增补中的对搭配接应词的增补。有些英语长句的表达顺序与汉语的表达顺序不同，甚至完全相反，这样译者就必须对原文的结构进行重组。

在英汉翻译的过程中，有些句子可以逐步对译，但有些句子由于英汉两种语言表达方式的不同，必须做词类转换，才能使句子自然流畅。如名词、介词、形容词、副词、动词的相互转换。例如，"Failure of arranging shipment on time is to the detriment of your business reputation."，可翻译为：不及时安排装船会损害你公司的名誉（the detriment 是名词）。

分析学生英语翻译的薄弱点，然后达到整体和局部的改善。常出现的问题有使用的词汇大多数是熟悉的简单词汇；语法错误太频繁，比如，时态、单复数、不具备时态等语法错误；单词记忆不全，局部字母记忆混乱等。例如，商务英语拥有可观的词汇数量，涉及商务谈判词汇、交际词汇、固定的经济词汇等。并且若干不同的词具有同一性，只有熟悉这个专业的人才知道这些同在专业领域的实际特指。因此教师可将"公司""企业"等的商务单词汇总，让学生进行学习记忆，这样既提高了学生记忆的效率，同时也激发了学生在学习探索中获得乐趣的积极性。

传统教育观强调知识和智力，严重忽视与学习活动及创造潜能发展相关的情感因素，从而导致学生的被动与盲从。学生必须亲自体验发现，才能将知识内化到自己的认知结构中来。因此教师要采用有效的翻译课程导入符合学生的心理特征，要创造新奇（满足学生求新心理）、多变（不断更新和变化刺激形式）、多样（采用多种教学手段、导入方法多样）、热烈（创设和谐热烈的教学氛围、唤起学生的情感共鸣、激发学生的学习热情）的课堂氛围。

三、教材因素

教材是开展教学的依托和平台。因此,顺应信息化技术发展、扎根翻译实践、科学融入翻译教育技术的教材至关重要。教学内容要把翻译知识和翻译理论很好地穿插在一起,促使理论联系实践,和社会岗位要求适切接轨。对于技术要素,我们可以把翻译技术穿插在教材内容中,也可以与时俱进地更新应用翻译技术课程内容。所以教师可以安排信息检索、语料库与翻译、机器翻译及译后编辑、应用翻译软件的使用等教材内容,采取慕课、微课、云课堂、网络互动平台等教学方式,进行教材的讲授。教学内容要体现计算机辅助翻译工作的流程特征,细化译前、译中、译后的技能指导;精选源文文本使用文本过滤器进行文本切分、机器预翻译;在语料库和术语库支撑下进行译后编辑、质量审核、清理和生成译文、最后得到译本文件。

教学形式的变化推动了教材形式的创新,教材内容不再只是纸质的形式,而逐步具有电子化、数字化、云平台化、可回放、可修改等特征。此外教材内容可以和翻译实践、市场项目接轨,体现出翻译教学的实践性和应用性。

四、条件、环境因素

多媒体是现代教学的特征。多媒体不应该只是用于电子黑板,更重要的是搭建多媒体和互联网的教学平台,拓展教学层面,将更多的新功能添加到教学中,使教学和翻译实践模式信息丰富、内容多样,激发学生的求知欲和学习乐趣,使教与学在丰富的平台中得以升华。教师可利用多媒体条件,根据学生的个性因材施教,鼓励调动学生的课堂主动性和积极性。

环境包括学习环境、学校环境、课堂环境、社会环境等。教师可以利用这些环境添加与英语翻译有关的背景知识,加强产学研合作,建立实践性教学基地,针对一个真实情境,设计巧妙的思考题,增加学生之间的讨论和辩论,用问题和提示激发学生进行思考、分析和参与。

第二节　翻译理论在翻译教学中的作用

一、翻译教学中翻译理论的实践自觉

在翻译教学理论研究方面，我们存在着天然的不足和缺憾。在我国翻译研究历史上，大多数翻译家都重视文学翻译理论的研究。在最早的佛经翻译研究中，学者也是重视字里行间的意蕴、情志和形象表达，而较少涉及翻译理论的研究。

应用翻译理论最早由霍姆斯提出。他把翻译理论研究分为纯研究和应用研究，其中应用翻译研究主要包括翻译批评、翻译辅助工具和翻译教学，这些研究的领域是运用翻译理论研究具体语言应用的实践，属于应用性质的研究。

由于霍姆斯是一名文学翻译家，所以他重视的仍是文学翻译的纯理论研究，应用翻译理论在他的理论框架下处于一个次要的地位。方梦之根据霍姆斯的翻译框架，在理论构建中取消了其中的纯理论研究，把它合并到理论研究中去，最终把翻译理论研究分为三个领域：一般理论、描述研究和专门理论，其中专门理论就包括文学翻译理论研究和应用翻译理论研究。这样的分类方式，使翻译理论中应用翻译理论研究的地位凸显出来。在这个翻译理论框架下，应用翻译研究包含了四个子系统：宏观理论、中观理论、微观理论和特殊研究（外围研究），这些子系统是以海量翻译实践为基础的。宏观理论指导翻译实践方向，中观理论是具体翻译策略，微观理论是中观理论的具体化和实践策略。"特殊研究"则包含了"技术翻译"和"翻译管理"等，其实际目的是与"应用翻译"相结合，并在此基础上构建一个翻译研究话语体系。同时，方梦之、孙吉娟指出，宏观、中观和微观理论是一个开放的理论体系，吸纳和整合应用翻译研究所需的各种理论。

所有的科学理论系统都是开放的、与时俱进的，在实践中，和其他理论合理互动中不断得到丰富和发展。任何封闭的理论体系，即使某个阶段是合理的，但随着时间推移和实践发展，最终也会落后和淘汰，特别是在人文社科领域。在教学实践中，相关理论研究、理论讲授和理论应用还是一个很薄弱的环节，甚至很多翻译理论学者和教师都认为应用翻译不需要重视理论研究和教学，而需要重视基础的、微观的翻译方法和技巧研究，这是思想认识和实践指导上的不足。戎林海、李静则认为，优秀的翻译教学不会只重视翻译技巧和方法的讲述，也不会去舍本求末而忽视翻译理论的指导作用。林克难明确指出，翻译教学应将至少50%的时间用于翻译科学理论的讲授上，因为只有科学的翻译理论才能揭示翻译过程

中最核心的客观规律，从而从宏观上指导翻译实践，达到翻译的最佳效果。在翻译教学中，教师和学生往往会忽视翻译理论的特殊作用，没有意识到翻译理论功能的多元性。有时未必每种理论都能直接指导实践，但所有理论都可以在翻译实践中起到预测、阐释、规范等作用。

翻译理论的作用体现在教材内容上，如学者孙致礼的《新编英汉翻译教程》和学者庄绎传的《英汉翻译简明教程》等，都在相当大的篇幅上安排了详尽的翻译理论讲解和论述。这些内容从翻译理论简介、翻译理论选读、中外翻译历史等方面展开，同时和翻译实践内容紧密结合。但是，理论内容学习中的问题也很明显——翻译理论没有与时俱进。因此随着产业分工和翻译智能技术的不断发展和细化，新的应用翻译题材不断涌现，指导翻译实践的翻译理论也要进行创新和探索，以达到理论和实践内容的融合和互动。

应用翻译如何进行理论创新，理论如何指导翻译教学和实践，翻译实践和翻译理论的关系是什么，这些问题在由方梦之主持、周领顺发起的大讨论中进行了深入的研讨，该讨论历时一年之久，不是为了统一思想，而是为了学术争鸣和学术创新。讨论结束后该话题继续得到众多学者的关注，学者许钧和穆雷就翻译理论、翻译概念和关系阐述了相关观点，他们赞同翻译理论指导、规范翻译实践的作用，认为翻译理论是在实践中概括出来的，翻译理论是一个完整系统，其中理论系统也要和具体翻译实践接轨，理论不是万能药，要在具体实践中升华。曹明伦明确指出，翻译理论来源翻译实践，翻译实践又呼吁翻译理论，它们之间保持了一种活跃的、互相作用的关系，我们不能过分地强调理论对实践的指导作用，但是理论可以深入地规范和指导实践、描述和解释实践、启发和预测实践。

每种翻译理论都有其一定的局限性，需要在实践中进行检验和提升。每个理论家都经历了长期的、大量的翻译实践。应用翻译涉及的领域较广泛，有些理论具有广泛性，有些理论具有专业领域特色，有些较宏观，有些涉及微观技术层面，我们要在应用翻译的各个子系统实践研究的基础上，不断提炼凝聚，形成特色鲜明的、能科学指导翻译实践的翻译理论。一般来说，好的翻译家或翻译教师都在某一领域中兼具"译者"和"学者"的双重身份，他们是翻译领域中有着较强理论基础的专业人士，在应用领域也是行业学者或专家，只有兼具双重或多重身份的人才是出色的翻译家和翻译教学工作者。在众多翻译理论中，能够指导应用翻译实践和教学的当属应用翻译的三层次理论和生态翻译学的三维理论，这两种理论之间存在着哲学内涵和理论内容之间的互通关系。

在大量科技翻译实践基础上，方梦之提出了应用翻译理论的分层理论，即宏观—中观—微观翻译理论，该理论哲学基础与中国传统哲学相一致，也顺应了现代主义和后现代主义的人文思潮。同时，该理论也基于应用翻译发生论和实践论，结合翻译本体认识和实践心理特征，提出了具体的理论指导和翻译策略，具有很高的实践价值和理论价值，是一个相当完整的理论系统。在宏观翻译原理方面，该理论提出了"一体三环"的模型图，其核心是翻译原理、策略和技巧，内环研究语言学知识，中环是翻译交叉学科的内容研究，外环涉及语言文化和翻译技术探索。在应用翻译中，涉及作者、读者和译者三要素，翻译要遵循达旨、循规和共喻三原则。中观层面主要涉及理论因子、目的导向和技术因子的影响，这些是连接宏观层面和微观层面的过渡因素。微观层面是在宏观理论指导下，对中观理论的具体化，在语法、修辞和逻辑方面提出翻译技巧和方法。应用翻译分层理论是一个开放的理论体系和实践方法体系，它将随着认识论、方法论、实践论的发展而丰富和完善。和应用翻译分层理论相比较，学者胡庚申提出了一个更为广泛的生态翻译理论，其核心概念是"选择"和"适应"，他认为翻译就是语言、交际、文化、社会、作者、读者、译者之间生态平衡的选择适应循环体。为了说明多维度适应和适应性选择的具体操作原则，生态翻译理论提出了具体的操作层面，即语言选择适应、文化选择适应和交际选择适应等。近年来，应用翻译的三层次理论和生态翻译学的三维理论给应用翻译实践提供了很好的指导和启发，也产生了大量的翻译成果和研究论文。

翻译实践需要具备接受理论指导的自觉。近年来，在应用翻译实践中，特别是在公示语翻译、旅游英语翻译、外贸翻译、科技翻译、药品翻译、机械翻译等领域，虽然翻译的质量有所提升，但是也不乏中式表达和让国外游客一头雾水的翻译内容，译文没有遵循达旨、循规、语言选择和交际适应的原则。所以，翻译实践要自觉接受翻译理论的指导和约束，以达到文化交际的追求。在教学中，为了提高学生的理论素养和实践水平，教师也要科学渗透相关的应用翻译理论，在高度上和方向上要有较好的把控，在微观翻译技巧上对翻译材料进行斟酌和把控，这样才能在应用翻译实践中培养学生的理论素养和实践能力。

二、翻译教学中翻译理论的作用

关于翻译理论和翻译实践的关系，很久以来众说纷纭。一些学者倾向于翻译理论一经产生，必须对翻译实践有直接指导作用，否则就没有存在的价值。一些学者则把翻译理论与翻译实践截然分开，认为翻译理论是用来解释和预测翻译过程和翻译产品的，与翻译实践联系不大。两种论点，前者肯定翻译理论的存在与价值，认为理论一定要用来指导实践；而后者则质疑翻译理论的存在和价值，认为翻译水平的高低和翻译理论并没有什么关系，翻译理论的存在与否对于翻译实践无足轻重。翻译理论在翻译教学与实践中有没有作用？有何作用？这取决于怎样定义翻译理论和翻译教学。

翻译理论或者说纯理论主要是从宏观角度对翻译现象进行分析、综合，探讨的是抽象化的普遍原理，对实践的指导作用微乎其微。那么应用理论在微观层面上对具体技巧进行研究与探讨，对实践有直接的指导作用。翻译被分为三个层面：翻译理论、翻译技巧、翻译实践。翻译理论在最高层次，和翻译实践相距甚远，而居于中间的翻译技巧和翻译实践关系密切，翻译技巧来自翻译实践并对翻译实践有直接的指导作用。这种对翻译理论内核的重新认定在一定程度上解决了上述争端，也使翻译课教师有了明确方向。目前高校的英译汉和汉译英课时数一般在90～120小时左右，而翻译实践起码要占据一半时间。因此翻译课的内容编排既要考虑到学生的实际需求，又要兼顾学生的实际水平。外语专业的毕业生工作之后最可能体现其水平的无疑在两个方面：口语表达和翻译。

目前一些专家提出了翻译教学和教学翻译两个概念。教学翻译认为翻译在语言教学中只是一种教学手段，其目的是帮助学生理解原文的语法、词法等。而翻译教学则以培养职业翻译能力为目标，通过各种教学手段提升学生的翻译能力和从业技巧。英语专业本科生想要提高自己的翻译能力，首先需要了解的是两种语言的转换规律，对此宏观抽象的翻译理论是指导不了的，而应用翻译理论却具有相当的可操作性和有效性。

另外，现在相当一部分学生的语言表达能力非常薄弱，他们最需要的是在实践中提高自己对语言的认知水平和掌握一定的翻译技巧。因此，可以理解为大学本科翻译课程的基本内容应包括应用翻译理论（翻译技巧）和翻译实践两个部分。这两个部分相互依存，翻译技巧以实践为依托，而在翻译实践的过程中离不开翻译技巧的运用和指导。关于翻译教学，现在强调以学生为本，强调接受主体的作用。这主要是对以前教师一言堂式教学的反对，本身并没有错。关键在于当我们重视并强调"学"这个环节的时候，千万不能走极端，忽视翻译教学中的另一个环节"教"。作为翻译教学的另一个主体，教师的作用不可忽视。

作为一位翻译课教师，仅仅掌握一点或者系统的翻译技巧是不够的。一个合格的翻译课教师还应该懂得相应的翻译理论。掌握理论有利于教师高屋建瓴，从深层次解决问题，避免就事论事，对翻译教学中的各类问题应对自如；另外，在实际教学过程中，尽管我们并不主张单独地来讲翻译理论，但翻译理论始终要贯穿在教学中。

课堂教学中的翻译技巧注重直观性、实用性。事实上，现在国内大部分翻译教材都侧重翻译技巧。翻译技巧大体上有直译法、意译法、具体译法、抽象译法和转性译法等，教材在谈论每个译法的时候都配有数量不等的例句和句子翻译练习。应该说这种编排比较直观，使学生通过比较分析就可以认识到两种语言在行句成文时的差别。至于为什么会有这种差别？这种差别引发的语言后果是什么？很多教材很少谈及。教师在授课过程中应该充分把握这种差别，尤其是要结合不同的语境对不同的译句进行细致详尽的分析。事实上，很多英语专业的学生对翻译这项活动并不十分了解，主要体现在：对翻译这项特殊活动的复杂性和艰苦性思想准备不足；双语转换能力一般；语言价值判断能力不强。因此教师在教学环节中不间断地对学生加以指导是非常重要的，授业、解惑缺一不可。

只有在教师的悉心指导下，学生方能逐渐明白语言及语言转换的规律，并能自觉地进行价值判断，为将来更好地从事翻译工作打下良好的基础。此外，一些翻译教材在选择例句时，并不考虑例句的广泛性与实用性，如有的教材针对某一技巧时选用的例句都取之于《红楼梦》的英译本，还有一些教材则统统选用取之于其他文学作品的例句。并不是说这些句子不好，而是这些例句往往距离我们的现实生活太远，远水解不了近渴。学生将来所要面对的应该是内容广泛、实用性强、与日常和工作密切相关的材料，因此，例句的选用应趋向于多样性和实用性。如适当选用一些关于经济、政治、文化、贸易、旅游等方面的例句，学生会感到更加亲切，更易于接受。在布置翻译练习时，教师也应该注意练习内容的实用性和多样性，让学生在进行不同内容篇章翻译的过程中运用和掌握翻译技巧，拓宽自己的知识面。

翻译理论（纯理论）的运用主要是对翻译课教师而言的。翻译家不懂翻译理论却可以翻译出美文佳作，但翻译教师不懂翻译理论如同医生不懂医理，只会治标不能治本。翻译是一门综合性的学科，涉及文化、语言学、美学、哲学、文艺理论等诸多领域。翻译理论经过长期发展，特别是经过二十世纪的更迭变通，已经从文学范式，结构主义范式，解构主义范式走向多元系统化的研究，其他领域的研究视角已经融入翻译研究中，如文化学、语言学、文学批评、人类学、哲学等。在翻译教学过程中，翻译教师应着力于消解理论与教学实践的距离，发挥翻译理论在教学实践中的作用并运用其他学科的研究成果为翻译教学服务。教师能有效发现学生作业中的错误或不妥之处，并提供正确或更好的译文。其他领域丰富的研究成果也始终贯穿在翻译教学中，如语言学领域的语篇分析、功能语法、符号学，哲学领域的解释哲学，美学中的接受美学，文学批评中的形式主义、结构主义等。

随着我国对外交往的不断深入，社会对翻译人才的需求越来越大，对翻译人才的要求也越来越高。翻译教师任重道远，只有掌握翻译理论，才能更好地实施翻译教学，为社会培养更多、更优秀的翻译人才。

第三节　翻译理论在翻译教学中的实践应用

一、功能翻译理论与翻译教学

（一）功能翻译理论概述

功能翻译理论最初兴起于 20 世纪中期的德国，其代表人物有赖斯、弗米尔、曼塔里和诺德等人，是翻译学派中第一次明确提出翻译行为中除译者以外还存在其他参与者（如委托人）的学派。从整体上来看，功能学派的翻译理论比较多，其中具有代表性的有文本类型理论、目的论、翻译行为理论、忠诚理论等。因此很难对功能翻译理论做出具体的定义，但在实际翻译中，这些具体理论都有着非常重要的指导作用。

从翻译教学的角度来看，功能翻译理论同样能够发挥出非常重要的作用。首先，功能翻译理论重视翻译目的，能够避免学生机械翻译，使学生能够从意译的角度进行翻译；其次，功能翻译理论明确了文本外因素对翻译的重要影响，能够让学生在翻译时做出更加全面的考虑，从而减少翻译偏差；此外，功能翻译理论还比较重视翻译技巧与翻译方法，对于学生翻译能力的提升是很有帮助的。

（二）功能翻译理论在翻译教学中的应用

1. 强化翻译理论教学

功能翻译理论中的目的论认为，翻译是一种有目的的行为活动。在翻译过程中，所有翻译行为都由目的决定，并受目的支配。由此可见，翻译目的对于翻译策略的选择以及翻译结果的优劣有着非常直接的影响。一旦翻译目的不够明确或是出现偏差，那么围绕其展开的翻译行为以及制定的翻译策略自然也会出现问题，最终影响翻译结果的准确性。

在翻译教学中，教师要对翻译理论给予足够的重视，通过对各种翻译理论的讲解，让学生能够明确翻译的真正意义与核心目的，使其认识到翻译是要保证源语与译语在意思上的相近，而非对词汇、短语的简单翻译。这样一来，学生无论是在知识学习过程中还是在翻译训练的过程中，都会以正确翻译为目的展开针对性的学习活动，从而大大提高学习效率，这对于翻译教学来说显然是非常重要的。

2. 加强背景文化渗透

功能翻译理论认为，翻译是一种交际行为，会受到语言、社会、文化等文本以外因素的制约。也就是说，翻译属于跨文化交际行为。翻译过程不仅会涉及不同的语言知识，也会与翻译语言双方的背景文化产生密切的联系。如果译者对于翻译语言双方的文化不够了解，那么在翻译过程中，就很可能会出现错误。例如，在英语中，"living room"与"sitting room"都有客厅的含义，其中"living room"属于美式英语，而"sitting room"则属于英式英语，翻译者需要根据交际过程中双方的身份来选择合适的词汇进行翻译，否则就容易使双方的交际出现障碍。

3. 重视翻译技巧训练

高校属于我国教育的最后一个阶段，其学生大多都经过高中教育，虽然很多学生基础并不扎实，但已经具备了最基本的翻译能力与写作能力，对于英语语言的特点也拥有一定的了解。因此对于教师来说，要想将功能翻译理论融入翻译教学之中，就必须要从翻译技巧训练入手，为学生创设不同的交际情境，并让学生根据具体语境进行翻译训练，从而逐渐提升自身的原文鉴赏能力以及译文判断能力。

在交际双方身份、交谈内容、关系等情况不同时，其具体翻译目的往往存在很大的差异，这对于学生来说无疑增加了翻译的难度。对此，教师同样需要从翻译训练切入，让学生结合翻译的语言内容与情境，按部就班的设定翻译目的、制定翻译策略，从而使其能够在训练过程中掌握更多的翻译技巧，并能够在实际翻译时进行灵活运用。

4. 坚持渐进性原则

功能翻译理论更注重翻译本身的目的性、交际性以及跨文化性等，这虽然能够使翻译的准确性得到提升，与跨文化交际的需要也十分契合，但同样也加大了翻译的难度，对于语言基础普遍较差的高校学生来说，要想在功能翻译理论的指导下进行准确的翻译，其困难程度是非常大的。

因此，教师必须要清楚地认识到短期内学生对于功能翻译理论并不能够实现深入理解，只有通过不断的知识积累与训练，才能够将功能翻译理论真正贯彻到实际翻译中来。

5. 合理选择翻译教材

从目前来看，高校的翻译教学虽然已经具备了比较成熟的课程体系，但在教材选择方面，仍然存在着难度较大、新单词较多等问题，与翻译教学的教学目标并不相符，这就给教学工作的开展带来了很大的困难。在对功能翻译理论的应用中，教师还需从学生英语水平、翻译能力以及实际教学情况入手，选择更加适合学生的翻译教材，这样才能够让学生更好地理解功能翻译理论，并在实践翻译中对功能翻译理论的各种观点进行验证。

另外，有条件的高校院校还可以组织教师自主编纂校本翻译教材，这样既能够保证教材与实际教学需求相契合，同时也方便修订，使翻译教材能够根据当前社会翻译人才的需求来进行及时的调整。

（三）功能翻译理论在翻译教学中应用的价值

在翻译教学中，功能翻译理论可以弥补教学的不足，发挥重要作用。教师应有效利用功能翻译理论，突出其在翻译教学中的实践应用价值，以促进学生翻译水平的提升。

首先，功能翻译理论有助于凸显译入语接受人群的核心地位。功能翻译理论对传统翻译教学内容所进行的创新，在于使翻译教学不只是将翻译局限在源语文本，而是更注重对背景内涵的突出。功能翻译理论在教学中的运用，可以提升学生的学习兴趣。这种教学模式重在引导学生理解原文信息，能够在原文中心意思的基础上展开创作。该理论强调翻译的连贯性，有助于提升学生的翻译水平。

其次，功能翻译理论有益于创建和延续翻译的动态对等模式。社会发展和国际交流对翻译的要求逐渐提高，更加重视对文本作品内容本身内涵的体现。功能翻译理论不再关注译作和原作关系的维持，而是将翻译的重心放在译作上。这一指导思想促进了我国翻译教学的创新改革，有助于推动翻译的多样化发展。

最后，功能翻译理论有利于将翻译理论及时拓展成为翻译行为。功能翻译理论突出了实践经验的重要性，以目标接受群体为中心，考虑到更多其他方面的因素，保证翻译的完整性。在翻译教学中，功能翻译理论可以引导学生重视文本作者的核心思想，分析非语言因素，为翻译教学提供了更多启发，有助于提升翻译教学质量。功能翻译理论注重发挥人的作用，提升了译者的地位，强调了翻译的重要性，有助于推动国家翻译事业的长远发展。

二、认知翻译理论与翻译教学

（一）认知翻译理论概述

认知是一种形成在作者头脑中的主观意识，是作者将对某一事物的认知，通过语言的方式表达出来。从认知翻译理论的角度来看，作者主观意识的认知仅仅是认识事物的一部分，并能通过语言将事物的完整认识表达出来。而折射到翻译也是如此，在进行翻译的时候，译者的认知也受其主观意识的影响，导致翻译出的语言仅仅是自己的主观意识，不能完全地将所有的认知体现出来，因此翻译出来的语言和原文语言就会产生冲突，出现不一致的现象。译者在进行翻译的时候，由于受文化、个人经历、知识丰富程度等情况的影响，很难实现认知对等。但是翻译的意义就是要努力和原作品更好地契合，表达原作品的意思。

认知理论指导下的翻译要求形成思维碰撞，这种思维碰撞是在多元化因素互动下产生的，比如，原作品的认知和译者作品的认知、译者主体认知和源语言认知、译者主体认知和目标语言认知、译者主体认知和读者认知等都要形成思维的碰撞。因此一方面要深刻地体会原文的语言环境、所表达的具体意义，另一方面要考虑到译文后读者的感受和原文感受的匹配度，所以只有不断地增加翻译环节中的互动，才能形成接近原文的认知。此外认知翻译理论还强调译者要做好语言翻译体验，使译文最大限度地贴近原文表述的含义，以此给读者带来更好的阅读体验。

（二）认知语言学翻译观

20世纪70年代，欧洲学者从心理学、哲学、认知科学、语言学、逻辑学等领域延伸研究出了认知语言学。该学科是心理学、语言学的交叉学科，能够从哲学视角对事物进行分析；从信息传播与自身认知经验角度出发，结合不同的认知方式与成熟的知识架构解释说明各种语言转变过程中的认知规律。有学者提出，翻译体验学与认知语言学在翻译工作领域相互融合能够达到更好的翻译效果。

认知语言学与翻译体验观都认为人类的语言能力与先天因素的关系不大，主要在于后天培养、学习。在进行翻译时，译者主要借助文本与文章作者进行对话，进而理解文章含义，并用另一种语言替代文章作者进行表达。因此，在翻译教学实践活动当中，教师也应明确学生的主体作用，明确自身的作用在于充分激活、调动学生的自我认知，使其能够借助翻译技巧、翻译理论知识实现独特的翻译表达。

翻译活动的体验性主要表现在译者开展翻译活动时需要转变自我认知，通过文本翻译活动与文章作者进行直接或间接地交互体验，这种互动性的体验在认知语言学当中被表述为现实客体与翻译主体的互动。在翻译活动当中，文章作者、译者、读者相互独立又相互联系，实现了翻译活动的和谐、有序、共存。译者在进行翻译时，应遵循真实性的表述原则，借助语言的转换翻译技巧模仿原文的写作意图、语言含义，但这种模仿并非机械性模仿，而是创造性模仿。译者可以在实际的翻译过程中展现自己的主观性与自身认知，对作品进行再创作。这也表明在认知转化期间，翻译工作的主、客体分别对主观世界进行了基于自我认知体验的重组。因此，译者应该作为翻译活动的主体，适当地展现出创造性、情感体验和自我认知。

基于认知语言学翻译观视角探究翻译教学，教师也应明确学生在翻译学习过程中的主体地位，将教学的重点放在调动学生感知自我体验、自我认知方面，确保学生可以借助翻译理论知识以及一定的翻译技巧实现文章的翻译，进而增强学生的翻译能力与跨语言、跨文化的交际能力。

国内大部分教师在开展翻译教学实践活动时，更侧重传统的翻译技巧教学，不注重对教学模式的创新。从认知语言学翻译观的角度进行分析，译者在开展翻译活动时，应寻找动态性的语言平衡，在对原文中的西方文化进行理解、体验时，不应从本土文化视角入手，而应从文章背景的文化角度对原文语义、中心思想进行感知体验，实现翻译平衡。但是，传统的教学模式很难培养出学生的跨文化意识；基于此，教师应创新教学模式，强化学生的跨文化意识。若学生具有跨文化意识，在翻译语句时，能够从西方文化角度体验文章含义，认知文章的文化背景，实现多重互动表达，可以确保译文更深入切实地表达原文语意、中心思想。

教师还应通过当前发达的互联网技术整合教学资源，增强与学生的互动，让学生在课堂上与外国人进行连线交流；通过实战训练，增强学生的英语口语能力；结合班内学员的学习诉求与认知属性，采取多种教学方式调动学生的认知体验，培养学生学习英语翻译的积极性；借助影视作品开展翻译活动，引导学生对经典的极具人文特色、美学特点的优秀海外影视作品进行翻译，提升学生的跨文化意识，使其更好地了解西方文化、西方审美特点，增强其学习主动性。在上述学习过程中，学生能够拓宽完善自身的知识面，进一步感知不同语言文化背景下的世界观，提升自身的翻译能力，完善自身的理论知识体系。

在传统的翻译课堂上，教师主要逐字逐句地进行讲解，批改翻译作业，对共性错误进行评价。该种教学模式仍然不够完善，侧重点集中在语言能力、语言技巧方面，过于注重语义转换能力训练，不注重认知能力培养。这种不完善的教学模式会导致学生只是重复训练翻译技巧，难以有效应对长篇段落的翻译任务，只能对照语言体系开展表层翻译，不能深刻展现文章内涵与逻辑。

翻译流程包含初稿翻译、初稿审核、译文润色与评价。在初稿翻译阶段，教师应引导学生结合自身的认知体验能力，带有一定目的开展翻译活动。学生应首先理解原文的具体含义，教师应在教学实践活动当中，加深高校学生对原文的理解，让学生从跨文化角度对原文的语句含义进行理解，深入探析作者的创作意图。教师应帮助学生了解在原文背景下，不同语言的具体表达差异，推动学生在自身认知、体验、理解的基础上开展翻译活动。由于学生对于原文会存在不同程度的理解，所以也会出现不同的译文。

教师应加强师生间的互动、沟通和交流，进一步提升学生的认知体验；同时，借助网络平台促进学生从跨文化角度对原文中的语句、短语、词汇进行剖析总结。在初稿审核阶段，学生应借助翻译技巧检查初稿，教师应引导学生从语言转化、文化背景等多个角度审查译文并组织学生互评译文；然后，教师需要进行二次修改。经过上述步骤，学生初步了解到自身翻译活动的问题。此时教师应收集、归纳翻译通病，并对各类错误进行讲解，进一步督促学生深刻意识到自身的不足。此外，学生也可以充分借助课外时间对译文进行自省自审，进而完善终稿。教师应基于学生的终稿开展评分活动并在评分过程中适当融入学生的学习表现，进而提高学生的学习热情。

在设置考核评价题目时，大部分教师更注重中英翻译，使得试卷不能有效体现学生的翻译能力。同时，国内大学生长期处在单一语言背景、文化环境下，很难充分了解两种文化的差异性。现有的评价机制存在一定的缺陷，难以有效反映学生的长处与短处。教师应从认知语言学与翻译体验观的视角指导学生的翻译学习，不应单纯将目光集中在期末试卷成绩方面，而应从跨文化背景、翻译规律着手，对高校学生思想意识、学习能力、学习过程、课堂表现等方面综合评价学生的翻译学习活动。

在上述评价过程中，教师应不断比对终结性评价模式与过程性评价模式的优劣，充分汲取两种评价模式的优点，客观评价学生的学习效果；在新形势下，各高校的教师应转变评价理念，不应片面、单纯、形而上学地看待学生的不足，应从发展的角度鼓励学生勇于总结、分析自身的不足之处，引导学生使用合理的学习方法改善自身不足。从认知语言学与翻译体验观视角，教师应更注重学生在教学实践活动当中的主体地位，构建更适合于学生学习发展的评价机制，营造出良好的学习氛围、学习氛围，提升高校翻译教学效果，源源不断地为社会输送翻译人才。

（三）认知翻译理论在翻译教学中的应用

1. 分析语言背景

对语言的正确认知是提高翻译质量的前提和条件，因此首先要了解语言的真正含义，树立正确的语言认知观念。而如何形成正确的语言认知，则需要了解语言的产生源头。任何语言都不是凭空产生的，而是基于一定的语言环境产生的。所以应了解语言环境，在语言环境中来发掘语言的内涵。

比如，在"油腻"中年大叔的翻译中，"油腻"一词语的翻译需要语境来帮助理解，而并不是仅仅局限于表义。放在原作品中"油腻"一词的含义是中年大叔一种不思进取、外表邋遢、世故等不受人喜欢的中年男人形象，而这种形象和"油腻"一词的本意具有较强的互通性，都具有不被人喜欢、认可的特点，而且"油腻"一词还和中年大叔的形象很好的呼应让人联想到大腹便便、不修边幅的男人形象。由此可见，语言是基于语言环境产生的一种扩展性的词语含义，这种含义需要语境的支持，才能形成对等的英语翻译认知，让读者更好地体会到流行语的真正含义。

2. 把握语言多义性

首先，从以上的分析中可以看出语言具有鲜明的时代特色，是时代潮流下形成的语言，所以基于语言的认知一定是深入了解了特定文化、特定时代环境的认知。如果脱离了文化环境，脱离了时代背景，那么语言不仅生涩难懂，而且还可能被认定为有语法结构错误的语言。

其次，语言在不同的语境条件下会产生出多种含义。从内容上讲，这种多义性体现在延伸内容的多义性，比如，有钱人也吃麻辣烫真"接地气"。这里的"接地气"指的是一种和贴近大众的生活方式，而例如，这个人物饰演者长得真"接地气"，一看就是老百姓形象。这里面的"接地气"指的是长得土气，具有乡村气息。可以看出同一个语言在不同的语境下含义是不同的，所以在进行翻译的时候，要考虑语境含义，然后根据不同的语境找到合适的词源。

除此之外，一些固有的流行语词汇可以通过字面的理解结合语境内容来找到合适的目标词源，比如"柠檬精"从词语的表面意思上能够很好地理解词语的意思，但是由于语境的不同，没有与之相对应的目标词源，还需要根据不同的语境来理解。

3. 重构语言张力

语言的表达中会具有显性的艺术表现力，这就是语言的张力，也正是这种语言的张力使得语言更具魅力，引发共鸣。因此在进行翻译的时候，译者首先要体会其语言魅力，保留其中所展现的引用、夸张、戏谑等语言表现方式，以此使目标词源的表达更符合原文的表达韵味，给读者带来良好的阅读体验；其次对于翻译者而言，就是实现认知观念对等的过程，将原文的认知观念转移到新的语言环境中，这种观念的转变是对等的，含义应相同，但是由于受翻译者主观认知、读者文化环境的影响，很难实现认知对等的翻译转化，在这种情况下的翻译应摆脱固有的文字形式，寻找更深的含义和隐藏空间，以此实现翻译之后的认知对等，使译文和原文更贴近，给读者带来良好的阅读体验。

三、生态翻译理论与翻译教学

（一）生态翻译理论概述

生态翻译理论是由清华大学教授胡庚申提出的翻译理念。他指出，翻译具有跨文化、跨学科属性，只有在翻译过程中兼顾源语、目的译语、原文等的生态环境，才能做出较为客观准确的翻译表达。生态翻译理论借鉴了达尔文的"适者生存、自然选择"原则，以译者和目的语读者作为翻译的中心，选择合适的翻译词汇和翻译方法，对原有英语课程与英语词汇等的翻译方式做出改革创新，增强翻译与某一生态情境的贴合性和适应性。因而从这一角度来看，生态翻译理论主要以英语宏观生态为指导，在翻译活动开展过程中，秉持着整体性、过程性和有机关联性，进行文化背景、语言表达和口语交际的"三维"转换，以实现不同语言情境下英语口语翻译和写作翻译等的自然选择。

生态翻译理论主要涉及翻译生态环境、翻译对象和翻译三维结构等内容，针对英语翻译文化背景、语言表达和口语交际等多要素，运用生态理论开展翻译情境、翻译内容、翻译方法和翻译评价体系的综合设计。通过围绕源语和目的译语之间存在的自然关联性，从生态翻译学视角，由译者对译文的文化背景、叙述内容与表达方式等做出全面整体剖析，帮助译者在翻译过程中，完成语言、文化和交际思维的转换，从而形成更为客观准确的翻译表达。

（二）生态翻译学在翻译教学中应用价值

1. 生态翻译整体论以文化翻译为中心

翻译课程教学的重中之重在于遵循源语和文化表达。而以生态翻译理论为指导的翻译课程，则从整体论角度对翻译的文化表达做出阐释。生态翻译整体论指出，翻译应以教材原文为参照，尽可能形成源语和译语之间语言交际的统一。特别在不同文化背景和语言交际环境下，通过将生态翻译课内理论知识和课外文化内容进行结合，构建起具有源语关联性的翻译体系，突出源语文化翻译对不同课程翻译的指导作用，逐步提高学生跨文化翻译的专业水平。

2. 生态翻译学强调译者的自主性

在翻译课程中，学生属于不同理论知识、实践表达翻译的译者，而译者对某一内容的翻译，存在着一定的自主性、选择性。因此，生态翻译学理论以译者为主导，由教师为翻译活动进行指导，而学生作为翻译实施的主体，可以通过听教师讲授课堂内容、记录学习笔记等方式，自主进行不同的词汇、语法、句子的翻译。这种以学生为主体，充分发挥学生自主性的教学模式，可以引导学生积极参与到翻译理论知识、实践案例的学习中，建立起学生探究学习和师生互动交流的空间，形成教师监督指导和学生翻译学习的有效融合，真正实现学生专业翻译技能和跨文化素养的提高。

3. 生态翻译选择论注重翻译内容的整合性

基于生态翻译选择论的课程教育是以源语和译语生态环境为指导的。翻译课程内容教学主要着重于对英语词汇、语法和句子等组成要素的适应性选择。在以生态翻译选择论为内容的翻译课程中，教师根据教材原文的文化情境，选择与源语相适应的翻译方式，遵循三维转换翻译技巧，对学生展开翻译词汇、翻译句子和翻译语言表达的选择性教育，选择适应性更高的译文内容，增强原文文本的交际性，做出更为客观准确的英语翻译。

四、情境认知理论与翻译教学

（一）情境认知理论下课堂情境表征形式

首先是真实性和虚拟性。应用情境认知理论开展课堂教学活动，创设的情境需要与生活情境相吻合，促使学生在真实情境中通过观察、思考形成解决问题能力。传统的教学理念中学生并非从自己的实践获取知识与能力，学生脱离情境获得的知识也并不能发挥出实践作用。因此，在设置学习情境时要保障其是真实情境的迁移。教学过程会受到环境的限制，通常教学活动的开展都是在教室内，所创设的情境也具有一定虚拟性，课堂情境就是在真虚相伴的过程中构建出学习与生活的联系。

其次是预设性和生成性。应用情境认知理论开展课堂教学所创设的预设性情境，是对课堂活动目标进行预先设计。知识是由主体积极构建的，学生在构建知识的同时也构建了身份。因此，知识与学生身份具有生成性，在应用情境认知理论开展情境创设时，学生要进行任务分解，寻求解决方案并随时调整情境的预设性，重视即兴创作。

再次是个体性和社会性。学生在情境脉络中构建知识，这个过程是由个体完成的，而且情境认知能够为学生提供反思空间，促使学生通过反思形成鲜明个性。情境认知理论强调学习是社会文化现象，学习过程是社会协商过程。因此，在创设课堂情境时要突出社会性，营造社会互动氛围，促使学生在共同情境中分享价值文化、协商知识意义，并倡导合作学习彰显教学的社会本质。

最后是及时性和连续性。课堂的每一分钟都在进行各种活动，这就是课堂情境瞬间。在教学过程中，教师要把握这些瞬间及时提供帮助，提升学生认知水平。课堂情境稍纵即逝，但无数个瞬间是连续的。围绕既定目标开展形成具体活动，教师要将这些瞬间有机融合，有效开展教学。

（二）情境认知理论在翻译教学中的作用

语言作为交际工具需要交流活动的开展。学生通过交流活动才可以更好地掌握语言。情境决定着语言表述意义，教师结合情境认知理论开展翻译教学，通过情境教学法可以激发学生学习兴趣，提高教学效果。在翻译教学中融入情境认知理论要注意以下几点。

首先，能够创造良好环境。很多学生认为翻译学习枯燥乏味，产生畏难情绪。出现这些问题的根本原因是缺乏良好语言环境，而利用情境认知理论营造语言氛围能够使学生更加直接形象的接触外语，对提高学生的语感、培养学生的翻译能力有着重要作用。

其次，能够帮助学生将理论与实际相联系，调动各种感官参与全方位学习。教师利用实物展示、电影教学等使学生的感官受到调动，情绪受到渲染，更好地获得感性材料，将课文内容与实际事物相结合。

最后，能够调动注意力等非智力因素，帮助学生更好地进行巩固记忆。教师在教学中考虑学生的心理因素，刺激学生的学习兴趣，调动学生的学习主动性，进而提高其学习效果。

（三）情境认知理论下翻译教学的策略

1. 创设课堂情境

高校在开展翻译教学时要融入情境认知理论，创设课堂情境激发学生的学习兴趣，使学习过程情境化，例如，教师结合教学内容利用现代化信息技术呈现图片、影片等教学情境，营造直观化的翻译氛围，提高翻译教学质量；教师通过设置角色扮演情境及商务谈判案例情境，使学生在真实的体验中提升翻译能力。创设情境是指通过营造真实的氛围情境推动学生产生更好地开展学习活动。在高校翻译教学中，教师可以创设认知情境与问题情境，激发学生的翻译积极性，在创设认知情境时要结合教学内容创设一致性的直观情境，促使学生掌握翻译技巧，理解翻译所蕴含的文化内涵；利用认知情境激发学生的情感，唤醒学生的知识体系主动思考问题，进而使学生成为翻译课堂的主人。例如，教师可以充分利用幻灯片、课件等教学资源调动学生的感官参与，使学生在感官刺激下集中注意力；教师还可以通过组织翻译竞赛、翻译试讲等活动，让学生能够在真实的活动情境中提升翻译能力。在创设问题情境时，教师可以先将考核学生翻译能力的问题呈现出来，学生可以通过查阅相关资料准备各自翻译题目，通过真实的问题促使学生更好地进行翻译实践。

另外，在情境认知理论下开展翻译教学，教师要转变教学观念，突出学生的主体地位。教学活动要以学生为中心，教师要意识到自己作为教学活动组织者、启发者，要学会开展情境教学，激发学生的学习积极性，以保障教学活动的顺利完成。

2. 调整教学内容

情境认知理论下的翻译教学要结合实际情境，优化教学内容，重视实践课程。高校翻译教学要突出学生跨文化能力的培养，结合社会环境科学设置教学内容。例如，人们受到文化背景和社会习俗的影响存在不同的用语习惯，如汉语语言结构通常是主谓宾形式，但英语会存在倒装句。因此在教学中教师要考虑受众的用语习惯合理增设辅导课程，帮助学生更好地理解英语语言国家相关文化。

同时教师也可结合课程特点合理制定教学目标，利用纪录片或者电影等形式激发学生学习兴趣。情境认知理论强调与实际生活的联系，因此教师在选择教材时要结合实用性、时局性，保障教材内容是具有代表性的，进而使学生的翻译能力更好地满足现代需求。此外，还可适当增添文化赏析、欧美影片翻译等辅助课程，增强翻译教学实效，结合学生的翻译基础水平，有层次的开展教学，并遵循理论联系实际原则贴近视觉焦点，重视文化素养渗透。情境认知理论下的高校翻译教学需要重视师生平等，以学生为中心使其成为课堂主人，让学生通过自身体验在观察思考过程中提升翻译能力。

3.优化教学模式

情境认知理论下的教学模式涵盖认知学徒制、抛锚式教学以及交互教学。其中，认知学徒制是通过让学生参与实践活动构建社会性知识，应用认知学徒制模式开展翻译教学要突出教师的师傅与导师角色，让教师利用示范与指导促使学生获得相关翻译知识与技能。抛锚式教学是通过创设问题情境引导学生发现问题、解决问题，在这个过程中促使学生掌握学习能力。应用抛锚式教学模式时，要让翻译教学突出问题情境创设的准确性及恰当性，能够充分发挥其启发作用。而交互教学是通过师生合作共同获取知识，在应用交互教学模式开展翻译教学时，要重视教与学的紧密结合。

另外，为了提高翻译教学质量，教师要改善教学方法，优化教学模式，采取小组讨论法，让学生参与到翻译实践中。每个小组人数为六人左右，人员选择可以是自愿组队也可以是以学号为顺序组队，然后开展实践活动。每个小组自行选出组长、调查员、记录员等，在拿到问题后进行翻译准备，在完成任务后教师给予适当评价。这种小组讨论形式可以使每个学生都可以积极参与到翻译活动中，从而提升自身的翻译能力。

第四节　翻译理论教学中跨文化意识的培养

一、翻译选择与跨文化意识的关系

翻译选择理论从达尔文"适者生存，物竞天择"的生物选择进化理论出发，并结合当前翻译大环境中所存在的译者不能很好地适应翻译语境、不能结合翻译文本自身特点、不能融合翻译文化差异性的问题，对译者的工作提出了全新的要求。即从"选择、适应"的角度出发，而不是一味地直译和意译。译者在适当合理翻译的同时，要能表达出翻译文本本身所具有的内涵和情感，这样才算实现了翻译的"信、达、雅"。在实际翻译过程中，由于汉语与英语所具有的关联性、文化性以及文字性，教师要能够在当下的翻译教学过程中结合翻译选择理论进行更好的教学，从而有效地规避翻译教学中出现的翻译变异问题。

（一）翻译文本内容与翻译教学的选择

在翻译教学上普遍的共识是具有多种语言能力、接受跨文化教育的教师往往不仅能进行文本的翻译，而且能够直接参与现场口译。这是因为在笔译、口译的过程中，译者往往会带有强烈的个人情感，而对于掌握多国外语的译者来说，他们头脑中的语言翻译表达很多。但是一些笔译或口译需要的是译者在清晰明了地表明句子意思和逻辑的前提下，还要更为精练简洁地表达译语。这就出现了翻译文本的选择，翻译过程中应该是多维度的选择，而不只是译者对于翻译文本的选择。对于翻译教学来说，更重要的是翻译文本是否适合教师应用在翻译课堂之中。

翻译文本与实际翻译教学的不匹配在翻译教学课程上容易导致翻译内容与文化语言环境不符合、翻译语境与实际情况不符合等现象。因此翻译教学的相关课程应该结合翻译适应选择论的相关理论对翻译文本内容进行调整，以便学生能够更好地适应翻译的环境氛围。

（二）不同环境对翻译教学内容的选择

翻译课堂由于受到环境的限制，其效果往往在实际的翻译教学上会大打折扣。翻译环境分为有利的环境和不利的环境，尤其是作为不利环境的翻译课堂在实际的翻译教学中受到的影响较大。我国现阶段的翻译教学，主要还是教师讲解、学生接收的方式，对于在此环境中的大学生来说，由于外教老师和外语老师之间教学方式上的差别，他们会受到不同地域文化的影响，在实际的翻译学习中出现表达不畅、交流不顺以及心绪受阻等现象。这时作为翻译课堂的接收者也就是我们的大学生在实际的翻译理解学习过程中也会受到教师的影响，从而出现翻译中的变异现象。这些变异现象产生的原因是多种的，尤其是对于外教老师而言。这就是翻译环境对翻译教学内容的影响，对于处在有利环境的教师来说，这种环境是有利于进行相应的翻译内容教学的，从而在心态和情绪上都会和处于不利环境的英语老师呈现出完全不一样的状态。

翻译环境在一定程度上对于教师的专业素养会同时产生消极或积极的影响，教师在实际应用中应该认识到翻译适应选择论中翻译环境的重要性，这样才能更好地适配合理的环境进行专业而有效的翻译实践，从而起到良好的辅助作用。

（三）跨文化交流对翻译内容和表达上的选择

根据翻译适应选择论对于翻译读者的定义可知，翻译的意义就在于能够让特定的读者清晰明了地理解译者所想表达的意思，并且在准确传达原文意思的基础上加强译文的翻译表达，让读者能够以更加轻松合理的方式欣赏译文。也即译者在翻译过程中应该注意从读者的角度对不同文化进行相互转化。

实际上，教师与学生之间应该是相互选择，彼此适应的关系，如同自然界中的和谐共生关系。因此，教师的选择适应就显得十分重要。因为在翻译教学过程中，学生往往不会进行选择，只能依靠教师的临时应变，才能发挥出应有的选择优势。

二、文化角度下翻译教学内容的转化

翻译的接收对象毕竟是人，不是冷酷的翻译机器，因此在翻译教学过程中难免会出现各种缺乏文化之间交流沟通、融合程度不够的现象。所以翻译课堂应该从多个维度以及不同的文化角度出发对这种现象进行较为周全的改革和创新。我们可以从语言、交际以及文化三个角度出发对翻译教学内容中出现的问题进行转化。

（一）语言选择性适应转化

不同的语言具有不同的文化特点，需要教师在语言的翻译转化过程中进行适应选择。语言选择性适应转化即选择适应听众能够更易理解的词汇、句式和表达，并加以延伸，使其能够在其他场合适配。在语言选择性适应转化过程中，教师需要对原文在不改变句意的前提下进行适当的删减、精炼以及增添。

在翻译教学中，教师应该将适合书面表达的词汇用通俗的方式表达，对专业名词加以简单解释，这样才能够让听众更好地理解一些地道的英语表达方式。对于关键词汇的语言选择性适应转化，则应该在结合相应的地域性文化的基础上进行表达，并能够选择学生易于理解的方式，做到准确表达，这样才能更好地运用跨文化环境，提高翻译质量和专业水平。

（二）交际选择性适应转化

翻译需要考虑到一个重要因素即交际。大学交际不同于日常的寒暄打招呼，在一定程度是基于双方的合作关系。交际的好坏影响到大学生交往关系。好的交际关系即使不能达成交易也为将来的交往打下了良好的基础；不好的交际关系即便达成交易也使得双方不愉快。而作为起到桥梁纽带作用的教师在其中的作用不言而喻。教师在翻译教学过程中要注意一些交际用语、礼貌性用语以及正式用语，这样才能使得译语在实际的交际过程中显得不卑不亢、有理有据。在英语翻译表达中尽可能地使用对听众较为友好的交际用语，不要使用太严肃或者太公式化的表达。这样会让听众感到不适应，并且不能对大学生之间的交流合作起到良好的促进作用。

（三）文化选择性适应转化

文化也是翻译变异现象的重要因素。由于不同文化的特点、不同宗教艺术的差异以及不同地域的地理性因素，翻译中往往出现对于同一事物的描述和表达产生不同的内涵，如对商品的数量、规格、质量上的规定，我国使用的数量计量单位分别有个、只、套，规格上有长、宽、高之分，质量上主要有公斤、吨等，但在国外还有磅、司、加仑等。如果单位计量不能进行统一的话，那么在实际的翻译教学、有关合同拟定以及交接商品等过程中会出现较大的问题。因此，教师在翻译教学课堂中要综合文化之间的差异，在统一量化单位的前提下进行精确性表达，才能较为流畅开展交流。此外，教师还要注意对于一些习俗和禁忌的了解，避免词不达意。

三、培养学生跨文化意识的方法

教师应正确引导学生在认知的基础上，把知识转化为行动，使所学知识实践于社会，服务于社会。应让学生学习语言基础知识的同时，及时感受到语言的发展。

（一）授课内容与时俱进

随着社会的发展，我们不仅可以从网络上及时发现各领域涌现出的新词，还能看到大量的网络热词和流行语。"打酱油（buy soy sauce、pass by、don't know anything）""给力（gelivable）"等热词的英语翻译也相继出现。

如"Ministry of Economy, Trade and Industry(METI)"原是日本"通商产业省"，2001 年更名为"日本经济产业省"，翻译时应及时更新。再比如，"次贷危机"刚发生时各大英语报纸使用"subprime lending crisis"或"subprime mortgage crisis"表示该术语，到 2008 年下半年这场危机的英语名称就改为了"financial crisis"或"economic crisis"。所以碰到类似术语的变迁，很多教师因自己没有及时更新知识，而无法传授正确的译文。因此翻译教师在语言方面的与时俱进也是很重要的。

此外，翻译水平是建立在实践基础上的，翻译教师既要有教学经验又要有翻译实践经验。如果教师过度依赖教材，缺乏大量的翻译实践，不仅会导致讲课内容陈旧，也无法正确翻译大量出现的新词和术语，更不知某些通用名词术语的更新，依然沿用过去的译文，从而没有达到翻译教学的根本目的。

1.培养学生的跨文化意识

由于地域、民族、生活等方面的综合影响，中外文化之间存在着一定的差异。例如，"牛"在中国农业社会历史中一直是主要的农耕工具。所以，在中国人的心中，牛是体格健壮、埋头苦干、甘愿奉献的典型代表，"力大如牛、牛劲冲天、俯首甘为孺子牛"具有很强的褒义色彩。英格兰民族一向重视畜牧业，游牧为主的生活方式把马作为使役工具。因此，在英语里，"马"被赋予了"牛"在汉语中的文化伴随意义。在学习动物单词时，教师可以把这些文化知识生动地讲解给学生，还可以开展"我说汉语，你说英语"的活动，让学生在学习语言的过程中感受其中所蕴含的民族文化、风俗习惯以及社会背景。

课堂教学是培养学生跨文化意识的主要场所。教师除了挖掘教材里的文化内容以外，还需要根据教学实际，精心备课，有计划地安排跨文化的内容，并采用多种多样的方法实施教学。对比中西方节日文化差异，让学生深刻理解每个节日都有各自国家的民族历史，所有的文化和文明都是平等的，进而使学生在活动中学会接受差异、尊重差异、包容差异。

总之，全新的文化环境开拓了学生的眼界。在面对不同的文化碰撞时，教师应该引导学生理解尊重他国文化与习惯，提高自己的文化识别力和语言运用能力。在全球一体化的背景下，青少年应该拥有坚信本国文化自信的同时又能包容其他文化的胸怀。

2.挖掘不同国家文化的差异

教师要善于挖掘语言素材中蕴含的文化意识，在教学中因势利导，引导学生感知不同地域的文化，培养学生的跨文化意识。此外，教师要善于挖掘教材内容，进行跨文化对比教学。即加强中西文化的比较，将中西文化在问候、称呼、感谢、赞扬、习俗等方面的差异自然、自觉地渗透到翻译教学中去。教师可根据教学需要，多开展课外活动，创设真实情境使学生亲自参与，让学生在学习语言的同时体验文化氛围。

（二）案例与任务实践相结合

在传统翻译教学模式中，教师是课堂的主体，给学生实践的机会较少，即使是讲课，也基本上以教师为中心，学生争论和发表意见的机会和时间不多，这就忽视了学生思维的能动性。传统翻译教学多以文学翻译为既定的教学内容，教师所选的译例及翻译练习大多是文学名著中的句子和段落，学生所学的也就基本上是文学翻译的基本技巧和评价标准。当学生走向社会面对纷繁复杂的翻译实践时，常常感到无法适应，这就看出了教材和实际的脱节。现在越来越多的翻译教师开始意识到"注重实践"才是翻译教学改革的核心与主线。学生应该把更多的时间投入"做"而不是"学"当中，从实践中发现自己的语言误区，更好地激发学习的主动性。

（三）阅读与写作相结合

在经济全球化的进程中，英语作为全世界使用范围最广和应用领域最多的语种起着不可或缺的作用。大学生作为具备一定翻译能力的群体，在英语的规范使用、读音、书写等方面的能力还有很大的提升空间。英语核心素养的基础要求是学生能够正确拼读、书写、使用英语单词。因此教师在音标、音节、衍生词、派生词等基本核心素养的教育上要帮助大学生养成良好的学习习惯。

与此同时，教师在课堂教育之中也应该带领大学生多学习、练习和复习。单词是遣词造句的基础，也是英语翻译的关键，学生在思想上引起足够重视。英语核心素养的要求中，学生不仅要以中长篇文章的形式进行阅读理解和翻译，还要在课余时间对长篇国外文学作品进行集中阅读和翻译。因此，教师要注重在课堂教学过程中适当加入学生的阅读和翻译时间。如在班级内部建立读书角，不限类型、不限题材，并在班级上定期举办读书心得交流会，每周由学生自发地组织好书推荐，让好书能够在课堂上得到全面阅读。一本好书需要一读再读，反复阅读，这样才能使学生深刻理解翻译的重要性和实用性。

（四）激发学生的表达兴趣

大学生的思想具有自由跳脱的特点，因此教师不能将他们的表达仅仅局限在相关教材的阅读、翻译之上。新时代的教师应该从学生的视角出发，在课堂之外多组织相关的语言文化活动，在相关的文化背景衬托之下来激发大学生对于写作以及自我表达方式的创新与发展，以此激发大学生在文化翻译方式上的拓展。而在表达的时候，教师也要注意给大学生予以适当的反馈，在鼓励他们的同时，提醒他们注意相关单词和英语表达规范性的使用。

翻译教学的课堂不仅在学校教室内，更应该体现在大学生日常的文化生活之中。文化性不仅仅是在课堂内表现出来的现象，还应该作为大学生的个人基本素养展现在其待人接物的细节之上。礼貌待人、文明行事和使用正确的英语表达形式是英语核心素养的重要表现。教师在教育教学时应该注意理论文化知识与现实生活相结合，使学生能够潜移默化地接受文化教育的熏陶，为树立高尚的道德规范打下良好基础。

（五）坚持因材施教的原则

尽管在年龄阶段上，大学生接受的事物较少、社会经验也不足，对于很多情感的体会不能予以及时而又恰当的反馈，但这往往也是大学生的天真烂漫之处。他们的情感其实丰富而又多彩，只是缺乏合适的表达方式，又或者是因为没有找到合理抒发的渠道，所以教师在翻译课堂要更加注重学生在情感抒发上的特点，关注他们的情感，了解每个学生不同的性格，因材施教，切忌用呆滞的模式让学生去模仿情感的抒发。

翻译课堂上的跨文化教育可以对大学生思维能力的提高起到良好的促进作用。在学习中，大学生会随着年级的增长逐渐接触到不同程度的国外文学作品，这些作品一方面有利于培养大学生文学性的英语核心素养，另一方面可以促进大学生在理解学习相关文化作品时的领悟力和思考力的有效提升。

（六）翻译课程中的文化比较

跨文化交际中的障碍往往是因误解产生，教师和学生都必须更加重视理解差异，培养跨文化意识。

根据拜勒姆的研究，比较过程包括显性对比和隐性对比。所有的语言虽有特殊性，但相似性也不小。比较是为了找出异同点，在翻译课中进行文化比较，可以通过预测、解释、纠正和避免来处理学习过程中的一些错误，帮助学生更清楚地理解语言的结构和本质。

（七）使用关于文化的材料

课堂上使用的材料能最能有效地激发学生的注意力，因此，教师应该将更多的文化信息添加到所使用的材料中，如对比民族、历史、风俗、道德价值观、宗教等差异的教材，包含与中国现实有关的外国文化信息。教材内容必须与教学方法结合起来。教师必须更多地考虑如何让学生内化知识，可对教材进行选择，并据此安排教学进度。

（八）以学生为中心的教学方法

语言教学和学习应该集中于学生本身，以学生为中心的教学方法尤为重要。采用以学生为中心的方法当然也并不能否定教师的重要作用，这会促使教师角色的转换。从内容上讲，我们应该把语言学习、语言意识、文化意识和文化体验结合起来，在这一过程中，学生处理文化信息能力是探索新文化创造性的关键。每堂新课前，教师应分配一些翻译任务为下堂课做准备工作。在课堂上浏览课文后，学生应在教师协助下确定出处、规范、类型、文体等信息，学生可借助各种文献来源进行理解。

（九）鼓励学生阅读课外资料

人们普遍认为，文学作品可以用来提高学生的跨文化意识，是反映人们文化的一面镜子。文学作品，报纸、杂志和期刊能提供当前最新的信息，学生通过阅读这些媒介可了解到地理、历史、宗教、政治、哲学、文学、时尚等不同主题的信息，提高其跨文化意识。

除此之外，教师还可以组织学生观看影片、电视、录影、戏剧或者演讲。中国一些学生没有机会出国留学，无法获得一些亲身体验，虽不能在现实环境中亲身体验，但可以在文化语境中学习和模仿目标语言的使用。

另外，讲座是提高学生跨文化意识的另一条有效途径。讲座有不同的主题，如文化翻译内涵、委婉语文化与翻译、生态文化与翻译等。讲座结束后学生可进行讨论辩论，再进行翻译实践。

参考文献

［1］ 李红丽．翻译意识培养与翻译教学研究［M］．太原：山西人民出版社，2013.

［2］ 邢丽华，杨智新．商务英语翻译理论与实践应用探索［M］．北京：新华出版社，2015.

［3］ 吴元霞．英语教学与文化融合［M］．北京：光明日报出版社，2017.

［4］ 闫冰．听、说、读、写、译：基于提高综合应用能力的大学英语教学研究［M］．成都：电子科技大学出版社，2016.

［5］ 鲁萍．英语教学与翻译研究［M］．北京：光明日报出版社，2016.

［6］ 赵义森，李广荣，常爱民．英语教学与翻译研究［M］．北京：光明日报出版社，2016.

［7］ 张彬．英语翻译与教学创新研究［M］．西安：西安交通大学出版社，2017.

［8］ 陈定刚．多维视角下英语翻译探索［M］．北京：中国纺织出版社，2018.

［9］ 吴丹，洪翱宙，王静．英语翻译与教学实践［M］．长春：吉林人民出版社，2017.

［10］ 丁丽红，韩强．当代大学英语教学的认知研究［M］．北京：中国书籍出版社，2018.

［11］ 王凡，楚红燕．英语教学与翻译技巧研究［M］．长春：吉林大学出版社，2017.

［12］ 陈晓红．英语翻译与教学创新研究［M］．北京：世界图书出版公司，2017.

［13］ 黄俐，胡蓉艳，吴可佳．英语翻译与教学实践创新研究［M］．成都：电子科技大学出版社，2017.

［14］ 康春杰，陈萌，吕春敏．基于错误分析理论的英语翻译教学研究［M］．长春：吉林文史出版社，2016.

［15］ 高苗．多元视角下的英语翻译教学研究［M］．北京：九州出版社，2017.

［16］ 于洋．高校英语翻译理论研究［M］．长春：吉林大学出版社，2017.

［17］ 崇斌，田忠山．新时期大学英语教学研究［M］．成都：电子科技大学出版社，2017.

［18］ 王静．跨文化视角下的英语翻译理论与实践探究［M］．长春：吉林人民出版社，2018.

［19］ 王苗．功能翻译理论与科技英语翻译策略研究［M］．北京：冶金工业出版社，2017.

［20］ 武光军．翻译教学中的学习者因素研究［M］．上海：上海交通大学出版社，2018.

［21］ 史传龙．翻译能力培养下翻译教学模式创新研究［M］．石家庄：河北人民出版社，2018.

［22］ 张景华．当代西方翻译理论的借鉴与反思［M］．湘潭：湘潭大学出版社，2018.

［23］ 孙宝凤．英语翻译多维视角探究［M］．北京：九州出版社，2017.

［24］ 侯晓丹，刘亮，蒙玉鸾．新时期英语翻译教学方法与策略［M］．长春：吉林人民出版社，2019.

［25］ 卢璨璨．英语翻译教学方法理论研究［M］．天津：天津人民出版社，2019.

［26］ 蔚然，赵韶丽，杜会．当代英语翻译理论与实践的多维视角研究［M］．北京：中国商务出版社，2020.

［27］ 杨馨，朱彦臻，田申．英语翻译理论与方法研究［M］．长春：吉林人民出版社，2019.

［28］ 邱大平．当代翻译理论与实践新探［M］．武汉：武汉大学出版社，2018.

［29］ 敬露阳．中外文化翻译教学与实践研究［M］．长春：吉林人民出版社，2018.

［30］ 朱飞．大学英语教学中的翻转课堂［M］．长春：吉林大学出版社，2020.

［31］ 张献．大学英语教学理论及实践应用［M］．武汉：中国地质大学出版社，2020.

［32］赵常花. 媒体融合视角下的大学英语教学理论与实践研究［M］. 北京：企业管理出版社，2020.

［33］佟丽莉. 语言学与英语翻译教学的多维度探析［M］. 西安：陕西科学技术出版社，2020.

［34］陈杰. 浅谈翻译理论在翻译教学中的运用［J］. 佳木斯职业学院学报，2016（09）：298-299.

［35］张宁. 功能翻译理论基础下大学英语翻译教学实践探究［J］. 中国高新区，2017（05）：77.

［36］李莎. 关联翻译理论在翻译教学中的应用探究［J］. 湖北开放职业学院学报，2019（23）：168-169.

［37］田宏标. 英语翻译理论与实践课程教学方法研究［J］. 中国民族博览，2019（09）：119-120.

［38］孙峰. 大学英语教学中的学生翻译能力需求与培养途径［J］. 安阳工学院学报，2019（05）：92-95.

［39］邢慧慧. 基于功能翻译理论的英语翻译研究［J］. 大学教育，2019（11）：114-116.

［40］刘相国. 大学英语翻译教学中理论及技巧分析［J］. 国际公关，2020（06）：77-78.

［41］黄永平. 功能翻译理论引入大学英语教学的实践与思考［J］. 教育教学论坛，2020（02）：229-230.

［42］郑艳. 交际翻译理论指导下的大学英语教学模式［J］. 林区教学，2020（08）：64-66.

［43］梁燕. 网络环境下高校英语翻译教学改革探究［J］. 江西电力职业技术学院学报，2020（08）：56-57.

［44］王文娟. 语块法在大学英语翻译教学中的应用［J］. 吉林医药学院学报，2020（05）：395-396.

［45］李点. 翻转课堂模式在大学英语翻译教学中的应用［J］. 公关世界，2020（16）：104-105.

［46］张霞. 基于"互联网＋"大学英语翻译教学模式创新研究［J］. 海外英语，2020（16）：67-68.

［47］ 于波，贺琛琛. 从教学翻译到翻译教学：大学英语教学改革新起点［J］.
昌吉学院学报，2020（03）：117-121.

［48］ 王怡玮. 解析跨文化教育在高校英语翻译教学中的应用［J］. 陕西教育
（高教），2020（08）：46-47.

［49］ 王鹿鸣. 大学英语翻译教学翻转课堂模式研究［J］. 现代交际，2020（15）：
167-168.

［50］ 孙佳佳. 以培养应用型人才为目标的大学英语翻译教学改革探索［J］. 产
业与科技论坛，2020（15）：126-127.